Josef Kuppa, Carl Ludwig Koritz, Carl Kratzl

Ungleiche Schwestern - Original Volksstück mit Gesang in 4 Akten

Josef Kuppa, Carl Ludwig Koritz, Carl Kratzl

Ungleiche Schwestern - Original Volksstück mit Gesang in 4 Akten

ISBN/EAN: 9783743431034

Hergestellt in Europa, USA, Kanada, Australien, Japan

Cover: Foto ©Thomas Meinert / pixelio.de

Weitere Bücher finden Sie auf **www.hansebooks.com**

☛ **Manuscript.** ☚

Uebersetzungsrecht für alle Sprachen vorbehalten.

für sämmtliche Bühnen des In- und Auslandes ohne Unterschied der Sprache im ausschließlichen Debit von **Gabor Steiner** in **Wien**, von welchem allein das Recht der Aufführung erworben werden kann.

Die **Verfasser**.

Ungleiche Schwestern.

Original Wiener Volksstück mit Gesang in 4 Acten

von

Josef Kuppa

und

Carl Ludwig Koritz.

Musik von
Director Carl Kratzl.

Reg. London Stat. Hall.
Wien, 1889.

Vertretung im Auslande:

Für Amerika: Goldmark und Conried, New-York, 13 West 42 Street.

Für Schweden und Norwegen: Oscar Wijkander, königl. Hof-Intendant, Stockholm.

Für Dänemark: Henrik Hennings, Hof-Musikalien-Handlung, Kopenhagen.

Für Spanien und Portugal: Florencio Fiscovich, Madrid.

 **Nachdruck und Aebersetzung verboten.**

Dieses Manuscript darf von dem Empfänger weder verkauft, noch verliehen, noch sonst irgendwie weitergegeben werden, bei Vermeidung der gerichtlichen Verfolgung wegen Mißbrauches und Schadloshaltung der Autoren.

Jedes Exemplar dieses Manuscriptes ist zifferirt; das vorliegende trägt die Ziffer:

94

Wien, IV. Hauptstraße 7.

Gabor Steiner,
bevollmächtigter Vertreter der Autoren.

Verlag von Carl Ludwig Koritz. — Druck von A. Reißer, Wien, I. Krugerstraße 18.

Personen.

Die Oberin der barmherzigen Schwestern.
Alfred Graf Scherolinsky.
Hugo Baron Adlerberg.
Franz Schwarzböck, Hausbesitzer.
Josef Brandtner, sein Freund.
Die Witwe Binder.
Ernestine, } deren Töchter.
Clara,
Leopold Lindner, Spänglermeister.
Reserl (5 Jahre alt), dessen Kind.
Johann Flock.
Lisi Flick.
Ein Polizei-Commissär.
Frau Schimmerl.
Schwester Beate.
Schwester Maria.
Ein Schusterlehrjunge.

    Nonnen, Bürger, Volk.

Ort der Handlung: Wien. Zeit: Die Gegenwart.

Rechts und links vom Zuschauer.

Erster Act.

Zimmer bei Frau Binder mit einer Mittel- und zwei Seitenthüren.

Erste Scene.

Frau Binder und Frau Schimmerl sitzen links.

Fr. Binder. Sie sind also derselben Meinung wie ich? Sie glauben auch, daß es unrecht wär', wenn ich was dagegen hätt'?

Fr. Schimmerl (eifrig). A schlechte Mutter, a Stiefmutter, a rechte Rabenmutter wärens, das sag' ich Ihnen, und ich bin a Frau, die immer weiß, was sie red't.

Fr. Binder. No, es is halt so a Sach'! Ich denk' alleweil, so a großer Herr — und mein Tinerl is doch nur a arm's Madel.

Fr. Schimmerl. Gengens weiter! Wär' denn Ihre Tochter die erste, die so a Hupferl in d'Höh' macht? Sie is a bildsaub'rer Schneck, wie's kan' zweiten am ganzen Grund gibt, und der Graf hat an' aristokratischen G'schmack, das is sicher. Sie sehen und sich verlieben war Eins — mein Gott, so große Herren hab'n halt a manchmal ihre lichten Augenblick'.

Fr. Binder (geschmeichelt). Ah ja, nur was wahr is — sauber is mein' Tinerl, und der Anstand und das noble Wesen, was sie an sich hat, das war no net da. I freu' mi, so oft i das Madel d'erblick', während mir ihre Schwester, die Clara, nur Gall und Aerger macht.

Fr. Schimmerl. Na wissens, alle Achtung vor der Fräul'n Clara, sie is a brav's, fleißig's Madel, aber das Duckmauserische an ihr g'fallt mir net, und ich sag' immer, die macht in ihrem ganzen Leben ka solches Glück, wie die Tinerl.

Zweite Scene.

Vorige. **Ernestine,** elegant gekleidet, ein Buch in der Hand, kommt von rechts.

Ernestine. Mutter, ist denn mein neues Ballkleid noch nicht da?

Fr. Binder. Nein, mein Herzerl, sonst hätt' ich Dich g'wiß gleich g'rufen.

Ernestine (unwillig). Das ist doch gar zu ärgerlich! Vor einer Stunde sollte es schon fertig sein. Ich habe einen äußerst interessanten Roman, aber es fehlt mir die nöthige Ruhe zur Lectüre. Schicke doch die Clara zur Schneiderin hinüber, daß sie nachsieht.

Fr. Binder. Die Clara is net z'Haus, Tinerl, sie is zu der Frau Blaumeier a Arbeit abliefern 'gangen.

Ernestine. Und ist noch immer nicht zurück?

Fr. Schimmerl (Ernestine bewundernd). Gott — Fräul'n Tinerl, wie Sie noblig auszschau'n! Wissens, ich bin a Frau, die immer weiß, was sie red't, und d'rum sag' ich: Sie sein jetzt schon a ganze Gräfin.

Fr. Binder. Net wahr? Ah ja, meiner Tinerl sieht man's an, daß sie 'was is. Und erst das neue Kleid, was sie heut' kriegt — die Augen werden Ihnen übergeh'n, Frau Schimmerl! 's kommt Alles vom Herrn Grafen; er hat sie nämlich heut' auf ein' Ball ausbeten und holt sie Abends mit einer Kalesch und zwei Bedienten ab. Der eine macht 's Wagenthürl auf, der andere hebt die Tinerl hinein — und sixt es — hast es net g'seh'n — die Eklipaschi verschwindet um die Ecken.

Fr. Schimmerl. Aber warum hat Ihnen denn die Fräul'n Clara net selber das Kleid g'macht — die arbeit' ja auch ganz hübsch!

Fr. Binder. Aber was glaubens denn, Frau Schimmerl? Der Clara ihr Nahterei is wohl ganz gut für g'wöhnliche Leut', aber mit so ein' Kleid, wie's die Tinerl für heut' Abend braucht, weiß sie sich kein' Rath.

Ernestine. Ich muß jetzt weiter lesen, Mutter, denn ich bin zu neugierig, ob die Zwei sich kriegen — ruf' mich aber sofort, wenn die Schneiderin kommt. (Rechts ab.)

Dritte Scene.

Vorige ohne Ernestine.

Fr. Binder. Ich sag' Ihnen, Frau Schimmerl, das Madel is mein größtes Glück! Gott — wenn sie wirklich a Gräfin wird —

Fr. Schimmerl (wichtig). Werden Sö a gräfliche Mutter! Passens auf, Sö werden noch 'was erleben.

Fr. Binder. Bis jetzt hab' ich's alleweil dem Herrn Grafen ausg'red't — das heißt, ich hab' halt so 'than, als wann's mir net recht wär', versteh'ns mich?

Fr. Schimmerl. Na sein's so gut und machens lange Sponponaden, bis ihm's z'wider wird. Jessas, wann ich so a Tochter hätt' — ich springet deckenhoch vor Freud'. Ein' Grafen schickt ein' der Himmel net alle Tag'.

Fr. Binder. Sie haben Recht, Frau Schimmerl, der Graf soll sie haben. Mein Tinerl wird schon a ordentliche Gräfin vorstellen können. Jetzt muß ich in zweiten Stock 'nauflaufen und mir der Nachbarin ihr Madel ausborgen, daß ich's zu der Schneiderin hinüberschick'. Und Sie, Frau Schimmerl, Sie können jetzt ganz ungenirt überall erzählen: Mein' Tinerl wird Gräfin, denn von heut' an mach' ich allen Bedenken ein End'.

Fr. Schimmerl. 's wär' auch unverzeihlich, Madame Binder, wanns net zugreifen thäten, das sag' ich Ihnen, und ich bin a Frau, die immer weiß, was sie red't. (Beide sind durch die Thür links abgegangen.)

Vierte Scene.

Johann, in seiner Bedienten-Livrée, kommt nach einer Pause durch die Mitte.

Entrée-Lied.

1.

Die Menschen sein schlecht — oder Narr'n,
Das hab' ich gar oft schon erfahr'n;
Die Meisten a Katzen-Natur,
Von Aufrichtigkeit gar ka Spur;
Schon 's Kind in der Wiegen —
„Papa" schreit's — voll Lügen,

Und winkt mit dem Handerl
Dem Nachbarn sein' Xanderl,
Dem's gleich schaut und abbußerlt recht —
Ja, die Menschen sein Narr'n — oder schlecht!

2.

Auf's Fälschen richt' Alles sich ein,
Man fälscht sogar Brod, Bier und Wein:
Das Roth auf den Wangerln is nur
A Fälschung der lieben Natur,
Die Haar' und die Hüften
Sein falsch — 's is zum Giften,
Und fir Gramatanten,
Falsch sein die Brillanten,
Die Tournür' und die Zähn' sein net echt —
Ja, die Menschen sein Narr'n — oder schlecht.

Jawohl! Die Menschen sein Narren und die Leut' sein schlecht oder umgekehrt, 's kommt auf Eins heraus: Wer ka Narr is, der is schlecht, und wer nit schlecht is, der is a Narr. Zu dieser bestimistisch=philosophischen Weltanschauung haben mich meine Erfahrungen 'bracht. Wer heut' oben is, is morgen unten, und wer heut' noch unten is, wird morgen schon durch irgend einen launigen Schicksalswechsel in d'Höh' g'schupft und paradirt auf so ein' ausborgten Schicksalsroß herum, bis das launenhafte Vieh auf amal an' Purzelbaum macht und den Reiter abwirft, wobei sich dieser g'wöhnlich das G'nack oder wenigstens a paar Rippen bricht. Und so a abg'worfener Schicksalsreiter mit halbgebroch'nem G'nack bin ich, und wodurch bin ich so tief abipurzelt? Durch die Schlechtigkeit der Menschen! Und warum? Weil ich ein Narr war! Ergo Paragraph Eins meiner Lebensanschauung: Ich bin ein Narr und die Menschen sein schlecht.

Fünfte Scene.
Johann. Frau Binder von links.

Fr. Binder (erfreut). Ah, was seh' ich, der Johann!
Johann. Gnä' Frau, ich küß' d'Hand! (Zieht ein Etui hervor.) Mein Herr, der Herr Graf, laßt sich dem gnädigen Fräulein Tochter empfehlen, und hier schickt er zu dem

heutigen Ball ein' Schmuck, der ganz zu dem neuen Kleid passen soll.

Fr. Binder (öffnet das Etui, entzückt). Ah du mein Himmel, die Pracht, der Glanz, na, rein blind könnt' man werden! Richtens dem Herrn Grafen a schöne Empfehlung aus, lieber Johann, wir lassen d'Hand küssen und er soll an der Tinerl heut' Abend a rechte Freud' haben.

Johann (wichtig). O, wir zweifeln nicht daran, wenigstens was das Aeußere betrifft — das Handerl — das Fußerl — superb! Die innern Eigenschaften dero gnä' Fräulein Tochter kenn' ich zu wenig, aber es wird auch daran nicht fehlen. Sie haben ihr g'wiß recht 'was Ordentliches lernen lassen.

Fr. Binder. Na, das versteht sich! Sie schlagt Clavier, zupft Zither und conservirt französisch. In der höheren Töchterschul' war's auch, da hab' ich's aber gleich wieder wegg'nommen.

Johann. Warum denn?

Fr. Binder. Weil's ihr da Sachen in' Kopf g'setzt haben, Sachen — alle Tag' ist's mit aner andern Dummheit z'Haus kommen. Von nix war mehr die Red' als von rechte Winkel und ungleiche Schenkel — pfui Teufel! Und amal erzählt sie mir gar von Körpern, die sich gegenseitig anzieh'n. Du ziehst Dich allan an, Tinerl, sag' i, und bleibst künftig daham. Der ganze gemetrische und gegrafische Schwindel is für nix; was braucht mein Madel von Europa z'wissen, sie kommt doch in ihr'n ganzen Leben net hin.

Johann. Recht hab'ns, ganz recht. Kann sie näh'n?

Fr. Binder. Warum net gar!

Johann. Waschen?

Fr. Binder. Sein's so guat!

Johann. Kochen?

Fr. Binder (indignirt). Aber Johann! Sie werden doch net im Ernst glauben, daß meine Tochter, die künftige Gräfin, Noth hat, sich mit solche Gemeinheiten abzugeben?

Johann. Is a guter Knödel a Gemeinheit? Und dann — kann man wissen, was g'schieht? Schauens mich an! Auch ich hab' als grüner Jüngling nix weiter g'lernt, als gut essen, trinken, faullenzen und wie die schönen Künste sonst alle heißen, heut' wär' ich aber meinem Vater viel dankbarer, wenn er mich recht a ordinäres Handwerk hätt' lernen lassen, ich wär' jetzt ein ehrsamer Schuster- oder Schneidermeister, hätt' a brav's Weib und a halb's Dutzend Bub'n oder Madeln, wie's halt schon ausg'fallen wären. So aber bin ich nix als ein Bedienter, dessen ganzer Lebenszweck darin besteht, die gräflichen Röcke und Beinkleider von den Flecken des Erdenlebens zu säubern.

Fr. Binder (lacht). Ah, hören Sie mir auf mit so ein' dalketen G'red', und sagen Sie mir lieber (vertraulich), was spricht denn der Herr Graf über mein Tinerl? Sie sein doch sonst a g'scheidter Mensch — was glaubens, hat er sie wirklich gern'?

Johann (verschmitzt). Na wissens, wann Ihnen g'rad' a G'fallen damit g'schieht, so viel kann ich Ihnen schon sagen, Sie müssen dem Herrn Grafen was ein'geben haben. Er war schon oft verliebt, aber diesmal, glaub' ich, pickt er fest.

Fr. Binder (entzückt). Pickt er, pickt er? Ach, Sie lieber Mensch! Na wartens nur, wenn die Tinerl wirklich Gräfin wird, dann werden wir uns schon Ihrer erinnern.

Johann (mit einem tiefen ironischen Compliment). O, ich bitte, meine Gnädige, i küß' d'Hand, Euer Gnaden!

Fr. Binder (nobel thuend). Auf mich können Sie ganz besonders rechnen, das verspreche ich Ihnen, und Sie wissen, Damen von meiner socialen Stellung pflegen Wort zu halten. Auf Wiedersehen (herablassend ihm die Hand mit einer linkischen Bewegung zum Kusse reichend), lieber Schani! (Nickt ihm vornehm zu und wendet sich dann wieder zum Tisch, den Schmuck betrachtend.)

Johann (für sich). Wie der Alten die Visage aus'n Leim geht, weil ich's zum Narren halt' und Sie per „Gnädige" titulir'! Wenn sie wüßt', was ich mir dabei denk'! Paragraph Zwei meiner Weltphilosophie: Jetzt bin **ich** schlecht und die Frau is a Narr! (Mitte ab.)

Sechste Scene.
Frau Binder, gleich darauf Ernestine.

Fr. Binder (rechts hineinrufend). Tinerl, ich bitt' Dich, komm' doch 'raus, 's is a Ueberraschung für Dich da.

Ernestine (rasch von rechts). Das Ballkleid?

Fr. Binder. Nein, ganz was Anders. Schau' amal, was Dir der Johann vom Herrn Grafen 'bracht hat — die

Pracht — das Feuer! Was? Is das a Wasser? (Hält ihr das offene Etui vor die Augen.)

Ernestine (entzückt). O Himmel, wie schön! Mutter, mein Alfred muß mich doch unendlich lieb haben.

Fr. Binder. Na, kannst Dir's wohl denken, wann er solche Präsenter macht!

Siebente Scene.

Vorige. Clara in einem einfachen, dunkeln Kleide, ein schwarzes Wolltuch um das Haupt geschlungen, das Einbindtuch von der abgelieferten Arbeit in der Hand tragend, tritt durch die Mitte ein.

Fr. Binder (unfreundlich). Na, kommt die Fräul'n endlich? Schön lang' hast braucht, um Dein' Arbeit abz'liefern.

Clara (das Tuch ablegend). Hab' ich etwas versäumt, Mutter?

Ernestine (ärgerlich). Wir hätten Dich schon sehr nothwendig zu Hause gebraucht, Du hätt'st zur Schneiderin hinüber sollen wegen mein' Ballkleid.

Clara (immer ruhig). Ich hab' Euch schon wiederholt erklärt, daß ich mit dieser Sache absolut nichts zu thun haben will. Besorge Du Dir Deine Sündenkleider selber.

Ernestine (auffahrend). Sündenkleider?

Fr. Binder (zornig). Fangst schon wieder z'predigen an, fade Nocken? Statt daß Du Dir an Deiner Schwester a Beispiel nehmen und trachten möcht'st, mir a so a Freud' wie sie zu machen, hab' ich von Dir nix als Gift und Gall', und da willst Du auch noch die Sittenrichterin und Moralpredigerin spielen?

Clara. Weil ich weiter seh' wie Du, Mutter! Dich haben das Geld und die Geschenke vom Grafen so verblendet, daß Du Deine Tochter mit eigener Hand der Schande und dem Elend zuführst.

Ernestine (entrüstet). Der Schande? Schwester, ich verbiete Dir ein= für allemal, mich durch solche Reden zu beleidigen.

Fr. Binder. Dem Elend? Bei so ein' reichen Herrn? So a Red' is sogar zum Giften z'dumm.

Clara. Ich habe über diesen Grafen Erkundigungen eingezogen, und was ich erfahren hab', hat mein Mißtrauen gegen diesen Mann nur noch bestärkt. Er ist ein Abenteurer, ein Glücksritter, der seinen jetzigen Reichthum blos dem Spiel und zweifelhaften Speculationen verdankt, und ich erfülle als Deine Schwester nur meine Pflicht, wenn ich Dich vor ihm warne.

Fr. Binder (entrüstet). Dö Tratschen möcht' ich kennen, die Dir solche Unwahrheiten über den Herrn Grafen erzählt haben. Auf Injurie sollt' mans klagen, denn 's is nur der Neid, der aus den Leuten red't, weil's uns a so a Ehr' und so a Glück net gönnen, dö Neidhammeln, dös mißgünstige Glumpert überanander.

Ernestine (sich ereifernd). Mein Alfred is a Cavalier vom reinsten Wasser. Er hat mir selbst seinen Stammbaum erklärt, und sein Freund, der Herr Baron von Adlerberg, weiß nur Gutes und Schönes von ihm zu erzählen. Daß er früher, wie er mich noch nicht gekannt hat, ein wenig leichtsinnig war, hat er mir ganz freimüthig gestanden, und diese Aufrichtigkeit hat mein Vertrauen zu ihm nur noch erhöht. Mein Gott, das sind so Extravaganzen.

Fr. Binder. Leichtsinnig sind die großen Herren alle, b'sonders die Ledigen. Das wär' a trauriger Cavalier, von dem man net allerhand Extraganzen erzählen könnt'. Aber a Glücksreiter und dergleichen is unser Graf net (heftig zu Clara) der net, merk' Dir's, Schnabel!

Clara. Nun gut, so will ich ihn heute, wenn er kommt, in Eurem Beisein über manches Auffällige zur Rede stellen.

Ernestine (auffahrend). Untersteh' Dich!

Fr. Binder (ebenso). Gott steh' mir bei — ich glaub', Du wärst richtig im Stand', uns vor so ein' Herrn bis auf die Knochen zu blamiren.

Clara. Nur zu Eurem Besten.

Fr. Binder (böse). Du, Clara, das bitt' ich mir aus! Das fehlet Ein' noch, daß Du uns so a Schand' machest!

Clara (vorwurfsvoll). Suche die Schade auf Deinem Wege, Mutter, nicht auf dem meinen.

Fr. Binder. Still, scheinheilige Creatur!

Ernestine. Und daß Du's nur weißt, die Mutter nehme ich zu mir, wenn ich Gräfin bin, von Dir aber will ich nichts mehr wissen; daß Du Dich ja nicht unterstehst, mich dann vielleicht zu belästigen.

Fr. Binder. Und ich mach' mir auch gar nix d'raus, wenn Du mir nimmer vor die Augen kommst, weil Du mir Alles, was ich an Dir 'than hab', nur mit Undank lohnst.

Clara (bitter, mit verhaltenen Thränen, doch kräftig und ruhig). Seid ohne Sorge, ich werde Euch nicht mehr lange im Wege sein. Seit jenem Tage, wo der Graf zum erstenmal seinen Fuß in uns're Wohnung setzte, bin ich Euch ein Dorn im Auge, weil ich es verhindern möchte, daß meine Schwester die Zahl jener Unglücklichen vermehrt, die denselben Weg gingen, welchen einzuschlagen Du eben im Begriffe stehst und der gewöhnlich in den Fluthen der Donau endet, wenn er nicht noch tiefer zu Elend und Verworfenheit führt. Dafür gebt Ihr mir Tag für Tag zu verstehen, daß ich Euch lästig bin — heute weist Ihr mir endlich ganz offen die Thür und Du, Mutter, wirfst mir noch Undank gegen Dich vor. Diesen Vorwurf verdiene ich nicht! Ich hing, obwohl ich immer nur das Aschenbrödel im Hause war, an Dir stets mit der zärtlichsten Kindesliebe, und seitdem ich selbstständig ausüben konnte, was ich gelernt hatte, habe ich gearbeitet — unermüdlich — Tag und Nacht. Das kannst, das wirst Du doch selbst nicht in Abrede stellen, nachdem ich uns alle Drei durch volle vier Jahre einzig und allein von meiner Hände Arbeit erhalten habe. Ich that es mit freudigem Herzen und hätte darüber, als selbstverständlich, nie ein Wort verloren, aber jetzt muß ich reden, denn den Vorwurf der Undankbarkeit kann ich nicht auf mir ruhen lassen. Von heute an werden Euch meine Mahnworte und Warnungen nicht mehr belästigen, doch es wird vielleicht noch eine Zeit kommen, wo Ihr des heutigen Tages gedenken und Euch eingestehen werdet, wie unrecht und wie weh' Ihr mir in dieser Stunde gethan habt. (Links ab.)

Achte Scene.
Vorige ohne Clara.

Fr. Binder. Ah das is gut, jetzt kanzelt sie noch uns 'runter!

Ernestine. Ich begreife gar nicht, was sie immer mit mir hat. Begeh' ich denn ein Unrecht, wenn ich Gräfin werden will? So dumm bin ich freilich nicht, daß ich mich wie sie in einen armen Schlucker von Maler verliebt hätt', dem man den Hunger auf tausend Schritte ansehen konnte.

Fr. Binder. J bitt' Dich, Tinerl, erinner' mich gar net an das Krippelmandel, an den Bauerhansen; 's is a wahr's Glück, daß er noch bei Zeiten g'storben is, sonst wär's mit der Clara schon gar net zum aushalten g'wesen. Ich aber hab' meine Töchter net erzogen, damit sie mir der erste beste Hungerleider wegheirat', ich will für alle Müh' und Plag' in meinen alten Tagen durch sie auch versorgt, und zwar ordentlich versorgt werden.

Ernestine. Bei mir sollst Du es gewiß recht gut haben, Mutter!

Fr. Binder (sie liebkosend). Freilich, Du, Tinerl, bist mein Stolz und mein Trost, aber aus der Clara wird zeitlebens nix Recht's. Meiner Seel', ich wär' schon froh g'wesen, wenn sie den Spänglermeister Lindner von der Mariahilferstraßen, der um sie ang'halten hat, g'nommen hätt', aber die dumme Urschel will von einer Heirat nix wissen.

Neunte Scene.

Vorige. Lisi, mit einem sehr großen Carton, durch die Mitte.

Lisi. Küß' d'Hand, Fräul'n Tini!

Ernestine und Fr. Binder (eilen ihr ganz elektrisirt entgegen). Gott sei Dank, das Kleid!

Lisi. Uns're Meisterin laßt sich empfehlen und hofft, daß Sie mit uns'rer Kunst z'frieden sein werden.

Fr. Binder. Ist's denn a recht schön worden?

Lisi (stolz). Na und ob und epper net? Ich sag' Ihnen, Fräulein Tini, Sie werden ausschauen wie a Prinzessin, auf ein' Hofball können s geh'n mit derer Pracht!

Ernestine. Also nur schnell in mein Zimmer und anprobiren.

Lisi. So 'was kommt aber auch nur in unser'm Modesalon und alle fufzig Jahr' amal auf d' Welt! (Alle Drei eilen rechts ab.)

Zehnte Scene.

Clara tritt langsam von links auf, vor sich hinsprechend.

Clara. Sie stoßen mich hinaus — sie weisen mich von sich, weil sie die Stimme ihres Gewissens aus meinem Munde nicht mehr hören wollen. Was soll ich nun noch auf der Welt? Die Blüthen meines Lenzes sind verwelkt und ein klagender Schatten steh' ich am Grabe meiner Jugend und Hoffnungen. — Nun denn, mein Entschluß ist gefaßt. (Es klopft.) Herein!

Elfte Scene.

Clara. Lindner, ein hübscher junger Mann von etwa 28 Jahren, elegant bürgerlich gekleidet, kommt durch die Mitte.

Lindner. Guten Abend, Fräul'n Clara!

Clara (verlegen). Ah, Herr Lindner, Sie —?!

Lindner (erst befangen, dann immer herzlicher und freimüthiger sprechend). Ja, Fräul'n Clara, ich glaub', ich bin's; ich will — — es führt mich heute etwas sehr Wichtiges zu Ihnen.

Clara (rasch). Da wollen Sie gewiß meine Mutter sprechen, ich werde sie sofort rufen.

Lindner. O, nit nöthig, Fräul'n Clara! Offen g'standen, 's is mir lieb, daß ich Sie allein triff', denn das, was mich herführt, geht doch Niemand an als uns Beide.

Clara (gepreßt). Dann allerdings. (Bietet ihm einen Stuhl.) Ich bitte!

Lindner. Danke! (Beide setzen sich.) Ich hab' über mein Anliegen neulich mit Ihrer Frau Mutter g'sprochen und diese hat Sie davon verständigt.

Clara. Gewiß, Herr Lindner! Sie sagte mir, daß Sie mir die Ehre erwiesen, um meine Hand anzuhalten. Ich setze voraus, daß sie Ihnen auch meine Antwort überbracht hat.

Lindner. Leider eine abschlägige — aber Ihre Frau Mutter hat mir nicht alle Hoffnung g'nommen. Sie hat g'meint, ich könnt' später noch einmal anfragen, ob Sie sich's nit überlegt hätten.

Clara. Herr Lindner, das geschah ohne mein Wissen; ich bin dadurch in die peinliche Lage versetzt, Ihnen selbst zu erklären —

Lindner (einfallend). Ich bitt', Fräul'n Clara, bevor Sie das letzte, entscheidende Wort aussprechen, hören Sie mich erst an. Schau'ns, wir kennen uns schon seit uns'rer Kindheit. Ich hab' von jeher viel auf Ihnen g'halten, weil Sie so ganz anders waren wie die andern Madeln — mit ein' Wort, ich war heimlich in Ihnen verliebt und hab' mir's immer zug'schworen: „Wennst amal heirat'st und die Clara mag Dich, so nimmst Dir ka Andere als sie!" Vor vier Jahren war ich so weit, daß ich Haus und G'schäft hätt' übernehmen können, aber infolge der schlechten Zeiten waren uns're Verhältnisse so derangirt, daß mich mein schwer erkrankter Vater auf sein' Todtenbett mit aufg'hobenen Händen 'beten hat, die Tochter seines alten Jugendfreundes zu heiraten, weil ihre Mitgift uns wieder auf die Füß' helfen könnt'. Um meinem Vater die letzte Stund' zu erleichtern und meiner weinenden Mutter die Sorg' um die jüngern G'schwister abzunehmen, hab' ich ihm mit schwerem Herzen das Versprechen geb'n und (mit einem Seufzer) hab' halt dann statt meiner Clara doch a Andere g'heirat.

Clara (warm). Sie haben gehandelt, wie ein braver Sohn!

Lindner. Das wär' schon recht g'wesen — wie's mir aber bei der Trauung ums Herz war, das weiß halt doch nur ich und der liebe Gott. Zum größten Glück war meine Frau a herzensgutes G'schöpf, ein braves, treues Weib und das Kind, was sie mir g'schenkt hat, is a wahr's Engerl, mein größter Schatz auf der Welt! Jetzt is meine Frau ein Jahr todt — meinem armen Reserl fehlt die Mutter und mir das Wesen, das mir immer g'fehlt hat, welches ich schon so lang' im tiefsten Herzen trag', das ich innig und aufrichtig lieben will — und dieses Wesen sind Sie, Clara! (Aufstehend und ihr die Hand entgegenstreckend, mit einfachem, doch tief empfundenem Ton.) Sie allein können mir das rechte Weib und meinem herzigen Töchterl a gute Mutter werden. Wollen — können Sie mich wirklich mit der Antwort fortschicken, die Sie schon Ihrer Mutter für mich 'geben haben?

Clara (gerührt und theilnahmsvoll ihm die Hand reichend). Herr Lindner, ich weiß Ihren Antrag zu schätzen, ich bin Ihnen auch vom Herzen gut, wie ich es jedem so guten Menschen bin, aber ich muß — so leid es mir um Ihretwillen thut — doch bei meinem „Nein" verbleiben. Es wird ja auch Ihnen kein Geheimniß sein, daß ich bereits eine andere Liebe im Herzen trug —

Lindner. Gewiß nicht. Carl Margold war mein bester Freund, und ich hab' ihn oft im Stillen um Sie beneidet. Er war ein guter, vortrefflicher Mensch und Sie wären g'wiß sehr glücklich mit ihm 'worden. Aber schauens — auch er is schon über a Jahr todt — Beide sind wir wieder frei. Liegt da drin nicht ein Wink des Schicksals?

Clara (mit edler Erhebung). Nein, Herr Lindner, für mich nicht! Meine Liebe zu Carl war keine vergängliche Liebe dieser Welt, sie lebt in meiner Brust und wird nur mit meinem brechenden Herzen erlöschen. Mit ihm habe ich meine Jugend, ja mein Leben begraben, alle meine Wünsche und Freuden liegen eingesargt in seinem treuen Herzen, und so warte ich still auf die Stunde, die mich auf ewig mit ihm vereint.

Lindner (sie mit tiefer Theilnahme betrachtend, innig und leise). Arme Clara!

Clara. O, bedauern Sie mich nicht, mein Freund! Bei aller Weltverlassenheit liegt doch eine Art von Glück in meiner stillen Trauer. Mich lockt kein vergänglicher Reiz der Erde, ich sehe das tolle Getriebe der Menschheit um mich her mit ruhigem, vorurtheilslosem Blick, und wenn auch Der und Jener über mich die Achseln zuckt — mich ficht's nicht an in meinem selbsterrungenen Frieden. Und so, Herr Lindner, leben Sie wohl! Sie sind ein wack'rer, ehrenwerther Mann, verdienen in voller, ungetheilter Liebe eines Weibes glücklich zu sein und werden gewiß eine and're brave Frau und für Ihr Reserl eine gute Mutter finden. (Ihm die Hand reichend. Pause.) Sie gehen doch nicht im Groll von mir?

Lindner (überwältigt). Wie könnt' ich das? Sie werden mir als meine erste und einzige Jugendlieb' ewig werth und unvergeßlich bleiben, ein strahlender Stern in frohen, ein tröstendes Heiligenbild in kummerschweren Stunden! Die Letztern wird's wohl in Mehrzahl geben, und so müssen Sie mir wenigstens versprechen, daß Sie mein Reserl dann und wann besuchen und mir ein wenig an die Hand geh'n werden, wie ich das Kind erziehen soll, damit's auch amal so gut und so brav wird, wie Sie es sind, denn ich — (seine Bewegung niederkämpfend) ob Sie mir's nun glauben oder nicht, Clara — ich bleib' jetzt auch ledig!

Clara (lächelnd). Das werden Sie nicht, Herr Lindner! Ihrem Hause ist eine Frau ebenso unentbehrlich, wie Ihrem verwaisten Kinde eine Mutter. Die Erziehung eines Mädchens verlangt unbedingt die leitende Hand einer Frau (leicht scherzend) und da es für mich doch nicht gut anginge, mich darum zu kümmern, so müssen Sie ja wieder heiraten; aber einmal — das verspreche ich Ihnen — einmal komme ich doch, mir Ihr Reserl anzusehen.

Lindner (rasch). Und wann?

Clara (mit Bedeutung). Einmal, wenn Sie es am wenigsten erwarten werden. Grüßen Sie mir Ihr Töchterl und erzählen Sie Ihr öfter von mir, damit ich ihr nicht ganz fremd bin, wenn ich zu ihr komme. Leben Sie wohl und glücklich, Herr Lindner, und bewahren Sie mir ein freundliches Angedenken. (Rasch links ab.)

Zwölfte Scene.
Lindner, dann Lisi.

Lindner. Da steh' ich jetzt, wieder allein und weiß gar nicht, wie mir eigentlich zu Muth is — so schwer und dabei doch so eigenthümlich leicht, daß ich mich mit mir selber nit auskenn'.

Lisi (von rechts). So, einig'radelt hab' ich's und sitzen thut's wie an'gossen. — Ah, was sieh i, das is ja der Herr Lindner! Ja, was machen denn Sie hier?

Lindner (trocken). Das wird wohl die Fräul'n Lisi wenig kümmern.

Lisi. Das is richtig; aber weil sich die Leut' heutzutag' um so manche Sachen kümmern, die sie nix angeh'n, so blas' ich halt a öfter, was mich net brennt. Mir scheint gar, Sie geh'n auf's Freien aus? No ja, d'Frau Binder hat zwa saub're Töchter, aber da plagen's Ihnen umsonst, das sag' ich Ihnen gleich. Da is nix für Ihnen.

Lindner. Sie sein am Holzweg, Lisi; ich will überhaupt nimmer heiraten.

Lisi (erstaunt). Was — Sie wollen a verwitweter Jungg'sell' bleiben? Ah, das war net übel! Bei derer Zeit, wo die Noth an heiratsfähigen Männern noch die Wohnungsnoth übertrifft, wo Raunkerln von Männern heiraten, die man sich net amal ordentlich anz'rühren traut, damit's net von einand' brechen, wollen Sie, so a fescher, kräftiger Mann, ledig bleiben? Da soll ja gleich der Staatsanwalt einschreiten! Die Trauerzeit nach Ihrer Seligen is um, Sie müssen jetzt dazuschau'n, Sie schüchterner Wittiber Sie! (Ihn vertraulich anstoßend.) Sagens einmal — was wär' denn mit uns Zwei?

Lindner. Mit uns? Mit mir und Ihnen?

Lisi. No ja! Was glotzens mich denn an, wie a Bauernbua 'n Stefansthurm? Ich sag' Ihnen, an mir kriegetens a Frau, die sich g'waschen hat. Was Sie nur mit mir ersparen thäten; ich kann waschen, bögeln, stricken und kochen wie a Prälatenköchin. — Jetzt lern' ich a noch näh'n, daß ich mir sogar die Kleider selber machen kann. Und Ihnerm Fratzerl wurd' ich so a gute Stiefmutter, daß mir die Stadt Wien a Monument setzen müßt' vor lauter Bewunderung. Ob Sie's glauben oder nicht, ausg'haut müßt' ich werden.

Lindner. Sie sein komisch, Lisi! Seit wann tragen sich denn die Frauenzimmer den Männern an?

Lisi (trocken). O, das wird jetzt sehr stark in b'Mod' kommen, weil die heiratslustigen Mannsbilder alleweil seltener werden. Heutzutag' heißt's: „Friß, Vogel, oder stirb'" — zu deutsch: „Madel, schau dazu, wann'st net a alte Jungfer werden willst!" — Ich sag' immer, jetzt müssen viel mehr Madeln auf b'Welt kommen, als wie Bub'n, weil der weibliche Ueberfluß von Jahr zu Jahr größer wird. Da sollt' sich der Hoff d'rum annehmen und ein' neuchen Malzextract oder sonst a Wundermittel erfinden, damit die G'schicht' um'kehrt wird, sonst ist eine Jungfrauen-Revolution unvermeidlich.

Lindner. Sie sollten in den Landtag gewählt werden.

Lisi. Na, möcht' a net schaden, wenn amal wer drin sitzet, der ein' vernünftigen Gedanken hat. Na also, über-

leg'ns Ihnen mein' Antrag, Herr Lindner, und wann's
g'scheidt sein, greifen's zu! Verliebt bin ich in Ihnen schon
lang' a bis'l, und wenn ich erst Ihner Frau bin, da sollen
Sie 'was erleben von einer Lieb' und Seligkeit, daß Sie
sämmtliche Engel im Himmel singen hören, und was mein'
sonstigen Charakter und meine Bildung anbelangt, so sag'
ich weiter nix, als: I bin a Weaner Hausmeisterische vom
Thurybrück'l.

Lindner (ironisch). Das ist's eben, liebe Lisi! Sie sein
aus gar zu viel schönen Eigenschaften z'samm'g'setzt und ich
bin ein bescheidener Mensch, der nie zu viel verlangt. Sie
entschuldigen, aber ich hab' Sie ohnehin schon viel zu lang'
aufg'halten. (Rasch Mitte ab.)

Dreizehnte Scene.
Lisi allein.

Lisi. Mir scheint, das hat eine ins Feine übersetzte Grobheit
sein sollen? Schau, schau, is der Lindner-Poldl auf amal
hochnasig word'n! Ach Gott, die Mannsbilder wer'n überhaupt immer kecker und hopatatschiger; 's is heutzutag' a
wahres Kreuz für uns Madeln. Is man gegen die Männer
zurückhaltend und verschämt, so heißt's: „Ah die lang-
weilige, zimperliche Nocken." Is man aber a bis'l zuthatig,
so rümpfen's a d'Nasen und lassen ein' steh'n, wie — wie
— na, wie 's neue Mozart-Monument in irgend ein' Winkel!
Das „im Winkerlsteh'n" spielt gar oft eine große Roll'.

Couplet.
1.
Neulich heirat' so ein Alter
Eine junge, saub're Frau;
O, wie herrlich sich da malt er
Seinen Himmel sonnig-blau!
Kaum die Trauung war vorüber,
Er kennt vor Wonne sich nicht aus,
Kommt noch in den Flitterwochen
Ihm ein Herr „Cousin" ins Haus.
Lieutenant ist er bei Husaren.
Binnen Kurzem kann's passir'n,
[: Daß der Alte steht im Winkerl,
Der „Cousin" führt d'Frau spazier'n. :]

2.

Eva einst im Paradiese
Einfach sich gekleidet hat,
Es bestand die Toilette
Aus nur einem Feigenblatt.
Diese Mode ist veraltet,
Heut' das Losungswort ertönt,
In den Reihen des Balletes
Ist dies Kleidungsstück verpönt.
Uns're braven Ballerinnen
Fielen heftig d'rüber her,
[: Warfen 's Feigenblatt ins Winkerl
So 'was tragens dort nicht mehr! :]

3.

Kommt a neue Bühnenleitung,
Hört den Chef man perorir'n:
„Ha! In meinem Institute
Darf das Volksstück nur florir'n,
Denn das allzu leicht Geschürzte
Und Tricots sind mir verhaßt,
Weil das zu piquant Gewürzte
Mir in mein Programm nicht paßt!"
Nach sechs Wochen kaum am Ruder,
Kann erleben man, ich wett',
[: Daß das Volksstück steht im Winkerl
Und im Flor ist d'Operett'. :]

4.

Wladislaw und Wenzel spielen
Heut' die erste Violin,
Wladislaw und Wenzel fühlen,
Daß ihr Weizen üppig grün.
Nur der Michel schaut von Ferne
Wie die Zwei sich still vergnüg'n,
Ihnen winken gold'ne Sterne,
Er kann höchstens Prügel krieg'n.
Bange wird den armen Michel,
Fragt bescheiden, leise nur:
[: „Soll ich lang' noch steh'n im Winkerl,
Wann endlich kommt an mich die Tour?":]

5.

Jede Gattung von Gewehren
Hat bei uns man schon probirt,
Weil in beiden Hemisphären
Stets 'was Neu's erfunden wird.
Endlich hab'n wir Eins bekommen,
Das schießt fünfzehnmal im Nu,
Und wir rufen herzbeklommen:
„Gott sei Dank, jetzt hab'n wir Ruh'!"
Doch wie lange wird's noch dauern,
Kommt so ein Erfinder keck,
[: Stellt den Manlicher ins Winkerl,
Denn sein G'wehr schießt gar um's Eck. :]

(Durch die Mitte ab.)

Vierzehnte Scene.

Graf Alfred und **Baron Hugo**, beide elegant gekleidet, mit Ueber=
röcken, kommen durch die Mitte.

Alfred. So, lieber Freund, da sind wir!

Hugo. Dein Zierpüppchen ist jedenfalls noch mit ihrer Toilette beschäftigt.

Alfred. Ohne Zweifel.

Hugo. Ich bin nur neugierig, wie sie sich heute Abend benehmen wird.

Alfred. Jedenfalls noch etwas linkisch.

Hugo. Uebrigens ist man allgemein gespannt, die Schönheit kennen zu lernen, die einem Roué Deinesgleichen noch den Kopf verdrehen konnte. Was aber soll das End' vom Liede sein?

Alfred (zuckt die Achseln, leicht). Weiß ich's? Die Zukunft wird es lehren.

Hugo. Die Zukunft? Nun, ich dächte, Deine Vergangen=
heit spräche zu deutlich, als daß es noch eines Blickes in das Kommende bedürfte. Ein frisches Sträußchen an Deinem Hute, ein neues Bild in die Rüstkammer Deiner exotischen Trophäen, ein duftendes Blümchen mehr, das Du auf Deinem Wege zertreten hast — das ist Alles. Oder willst Du mich zum, ich weiß nicht, wie vielten Male versichern,

daß es nun Dein heiliger Ernst sei, und Du erst jetzt die Macht der wahren Liebe empfinden lerntest?

Alfred. Und wann es diesmal wirklich der Fall wäre?

Hugo. Diesmal — wirklich? Nicht doch, mon ami, der Spaß ist zu alt, als daß er mir auch nur ein Lächeln entlocken könnte. Uebrigens, das Mädchen ist superb, ihre Unerfahrenheit kleidet sie prächtig, und wenn Dein Roman einmal ausgespielt ist — honny soit qui mal y pense — ich weiß nicht, ob ich nicht capabel wäre, eine Fortsetzung desselben zu liefern.

Alfred. Du beleidigst mich, Hugo!

Hugo. Parbleu! Ich beleidige Dich, wenn ich die Zukunft Deiner Angelegenheiten sicherstelle und Dir so eine große Sorge vom Halse schaffe? Oder glaubst Du, daß es die Zigeunerin-Mutter ohne Affront ablaufen lassen und Dir nicht mindestens zwei Gründe und drei Bezirke an den Hals hetzen würde? Sieh, ich bin ein großer Freund von Büchern, besonders von gewissen — Du verstehst mich schon. Aber wenn ich sie einmal durchblättert und die reizenden Kupfer genugsam betrachtet habe, fängt mir bei beschränktem Raume ihre steigende Menge an, lästig zu werden. Ich gebe sie dem Antiquar, der sie mir trotz Aufschnittes und abgegriffenen Bandes zu verhältnißmäßig annehmbarem Preise ablöst und kaufe mir neue. — Nun, Freundchen, wenn ich für Dich auch einmal so ein Antiquar werden und auf Deinem Bücherbrett frischen Raum schaffen wollte?

Alfred. Noch einmal, ich bin nicht in der Laune, Deine geistvollen Expectorationen ruhig hinzunehmen. Was später geschieht, weiß ich nicht, will ich nicht wissen, und heute liebe ich Ernestine — sehe, denke nichts anderes als Ernestine, und es thut mir im Innersten weh', ihr reines Bild von Deinem Geifer besudelt zu seh'n.

Hugo. Nun, qui vive verra! Vorläufig leih' mir eine Kleinigkeit für den heutigen Abend — ich habe meine Börse zu Hause vergessen.

Alfred. Genügt Dir eine Hundert Gulden-Note?

Hugo. Für heute gewiß. Das Souper ist ja bereits bezahlt, es handelt sich nur um andere unvermuthete Auslagen.

Alfred (ihm Geld reichend). Da!

Hugo. Danke. Gewinn ich im Spiel, so erhältst Du es noch heute zurück, sonst —

Alfred. Still, man kommt!

Fünfzehnte Scene.

Vorige. Frau Binder mit einem brennenden Lichte von rechts.

Fr. Binder (im Heraustreten rufend). Clara, Clara! (Erblickt die Beiden, erschrocken.) Gott steh' mir bei — da sind ja der gnädigste Herr Graf und der gnädige Herr Baron — und im Finstern — ich fall' in Ohnmacht.

Alfred. Guten Abend, liebe Frau Binder!

Fr. Binder (das Licht auf den Tisch stellend und herumschießend). Ich bitt' tausendmal um Entschuldigung, wir haben Sie noch net erwart'. (Stühle abwischend und zurechtstellend). Ich bitt', Herr Graf, wenn Sie sich gnädigst hier beplatzen wollten — Herr Baron, wenn ich bitten dürft', sich da auseinander= zusetzen! Gott, die Tinerl is noch net fertig, aber ich werd' gleich —

Alfred (während er sich mit Hugo niedersetzt). Beruhigen Sie sich, liebe Frau Binder, es ist noch lange Zeit. Wir sind absichtlich etwas früher gekommen, weil ich rücksichtlich meines Verhältnisses zu Fräulein Ernestine gerne ein ernstes entscheidendes Wort mit Ihnen sprechen möchte.

Fr. Binder (setzt sich schüchtern den Beiden gegenüber). O, ich bitt', Herr Graf, ich steh' zu Diensten — ganz und gar!

Alfred. Mein Entschluß, Ihre Tochter zu meiner Gattin zu machen, steht fest. Leider ist zu befürchten, daß sich meine Familie stark dagegen auflehnen wird.

Fr. Binder. Freilich, freilich! Das ist ja das, wovon ich Ihnen schon selber ein' Deuter 'geben hab'. Für mein' Tinerl is das ka kleiner Katzensprung von unten nach oben.

Alfred. Das Fest, zu welchem ich heute meine Ernestine mitnehme, ist ein Hausball im Hotel des Fürsten von Parasan. Es ist da eine exquisite Gesellschaft beisammen — Grafen und Barone — Comtessen und Baronessen —

Fr. Binder (faltet die Hände). Jessas, wann da die Tinerl nur net schiech wird!

Hugo (lächelnd). Das ist nicht zu befürchten. Ihre Tochter besitzt Eleganz, Grazie und Tournüre.

Fr. Binder (geschmeichelt). Ah freilich, freilich hat sie a Tournür', das is ja jetzt modern und steht ihr sehr gut, und wenn sie französisch zu reden anfangt, steht ein' der Verstand still.

Alfred. Unter Andern ist auch eine alte Tante von mir da, die Gräfin Podrzembrzinski, mit der ich mich durchaus nicht verfeinden darf, da ich auf eine große Erbschaft von ihr zu hoffen habe.

Hugo. Sie besitzt nämlich ausgedehnte Güter, die in Galizien liegen.

Fr. Binder. Und wenns in der Kroyatei oder in der wilden Walachei liegeten — so a Tant' muß man sich warm halten.

Alfred. Diese Dame, sowie meine übrigen Verwandten müssen auf meine Verbindung mit einem bürgerlichen Mädchen erst nach und nach vorbereitet werden. Deshalb sollen sie Ernestine, die ich unter dem Namen einer Baronesse von Klingenstein in die heutige Gesellschaft einführen werde, in all' ihrer Liebenswürdigkeit früher persönlich kennen lernen, was, wie ich hoffe, meine Pläne wesentlich fördern wird.

Fr. Binder (zitternd). Gott im Himmel, mein' Tinerl als a Baroneß'l in einer solchen Gesellschaft — wenn ihr nur nix passirt! Wenn ich wenigstens bei ihr sein könnt', daß ich ihr dann und wann ein' Schupfer geben könnt', daß sie der gnädigen Frau Tant', der Gräfin Pimperlinski oder wie's heißt, recht schöne Buckerl macht, ihr die Hand küßt und dergleichen.

Alfred. Um der Klatschsucht der Nachbarschaft weiter keinen Stoff zu geben, werden Sie morgen mit Ihrer Tochter dies Haus verlassen. Ich habe in einer Vorstadt, wo man Sie nicht kennt, eine elegante Wohnung gemiethet — dort werden Sie mit Ernestine auf meine Kosten und ganz standesgemäß so lange im Verborgenen leben, bis ich ohne Gefahr für meine Zukunft meine Liebe offen vor aller Welt bekennen darf. Ich hoffe, daß Sie damit einverstanden sind, Frau Schwiegermutter?

Fr. Binder (entzückt für sich). Schwie— Schwie— Er nennt mich schon Schwiegermutter! (Laut.) Ach Gott, Herr

Schwiegersohn Graf, ich thu' Alles gern, was Sie wollen, wenn ich nur meiner Tinerl zu ihr'n Glück verhelfen kann.

Alfred. Nur muß ich Sie bitten, Ihre ältere Tochter unter irgend einem Vorwande zurückzulassen, denn diese könnte mir meinen ganzen schönen Plan verderben.

Fr. Binder (eifrig). Aber natürlich, Herr Graf Schwiegersohn! Die Clara paßt net in so a Haus, die soll bleiben, wo sie will, sie kann ja wie bisher arbeiten für b'Leut'!

Alfred (aufstehend). So wäre denn Alles in Ordnung (sieht nach der Uhr) und die Stunde unserer Abfahrt ist auch herangerückt. Fürst Parasan und die Gräfin Podrzembrzinski lieben es, wenn man pünktlich erscheint.

Hugo (sieht aus dem Fenster). Da rollt auch schon unser Wagen vor das Haus.

Fr. Binder. Ach, ich zitt're an allen möglichen Gliedern. (Ruft rechts hinein.) Tinerl, Tinerl, bist denn noch net fertig?

Sechzehnte Scene.

Vorige. Ernestine in einer pompösen Balltoilette, eine hochelegante Pelerine umgeworfen, kommt rasch von rechts.

Ernestine. Da bin ich, Mutter! (Auf den Grafen zueilend.) Ach, Alfred, mein geliebter Alfred! (Sinkt in seine Arme.)

Alfred (küßt sie auf die Stirne). Meine Ernestine, mein Kleinod! Wie schön Du bist!

Hugo (ihr galant die Hand küssend). Sie werden auf dem heutigen Balle Alles um sich verdunkeln.

Fr. Binder (mit stolzer Rührung für sich) Und von so 'was bin ich Mutter!

Ernestine. Mein Alfred, ich fühle mich so unendlich, so unaussprechlich glücklich, daß mir Alles nur wie ein schöner Traum erscheint, aus dem ich von Minute zu Minute zu erwachen befürchte. Erhalte mir Deine Liebe, für die ich Dir aus ganzem Herzen danke und übe Nachsicht mit meiner Schwäche.

Fr. Binder. Ja, ja, Tinerl, nimm Dich nur recht z'samm'; Du kommst in das Haus des Herrn Fürsten von Parmesan, unter lauter adelige Leut', unter Comtesseln, Baronesseln (ganz entzückt) und andere Nesseln! Gib nur fein obacht, wie's die Andern machen, daß D' ja net abstichst! (Richtet immer an ihr herum.)

Ernestine (lächelnd). Aber Mutter!

Alfred. Beruhigen Sie sich, Frau Binder, ich werde mit meiner Ernestine nur Ehre aufheben.

Siebzehnte Scene.
Vorige. Johann durch die Mitte.

Johann. Euer Gnaden, der Wagen wartet.

Alfred (Ernestine den Arm bietend). Darf ich bitten?

Ernestine. Adieu, Mutter, und gute Nacht bis ich zurückkomme. (Nimmt, sich zum Gehen wendend, Alfred's Arm.)

Fr. Binder. Unterhalt' Dich gut, mein Kind! (Rufend.) Ich bitt', ich muß ja über d'Stiegen leuchten. (Nimmt das Licht, nacheilend.) Und Herr Graf, ich bitt', vergessens net der Tinerl zu sagen wegen der Frau Tant', wegen der Gräfin Podschemperlinski, damit sie ja kan' Palawatsch macht — nöt die Tant', versteht sich, die Tinerl mein' ich, die Tinerl! (Während dem sind Alle durch die Mitte abgegangen. Die Bühne wird finster.)

Achtzehnte Scene.
Clara in Mantel und Tuch, ein Bündel in der Hand tragend, kommt von links.

Clara. Ich habe Alles gehört, was die verblendete Frau zu dem gleißnerischen Verführer ihres Kindes sprach. — Mutter, ehe Du's denkst, kommt die Stunde, wo Du Deine Worte schwer bereuen wirst. „Die Clara kann bleiben, wo sie will". Ich glaubte mich schon gegen jede Herzlosigkeit gestählt, doch dies Wort aus Muttermund thut weh', bitter weh'. Nun denn, die Clara geht, sie geht, sich eine andere Heimstätte zu suchen! Zwei Lebenswege theilen sich vor der Thür dieses Hauses und die ungleichen Schwestern treten hinaus in ein neues Leben. Schütze Dich Dein Engel, arme Schwester, und Du, bethörte Mutter, lebe wohl. Die ungeliebte Tochter befreit Dich von der Last ihrer Gegenwart und vergibt Dir das Unrecht, das Du ihr gethan — sie bleibt ja doch Dein Kind, Dein treues Kind bis zum Tode. O, könnte ich zum Abschied wenigstens ihre Hand noch einmal segnend auf meinem Haupte fühlen — doch ohne Liebe gibt's ja keinen wahren Segen. Vater unser Aller da droben, segne Du an ihrer statt das geschmähte, verlassene Kind in der schwersten Stunde seines Lebens! (Sie sinkt im Hintergrunde neben einem Stuhl, wie still betend, in die Knie. Leise Musik.)

Neunzehnte Scene.

Vorige. Fr. Binder eilt herein, stellt das Licht auf den Tisch und eilt rechts ans Fenster.

Fr. Binder (jubelnd). Völlig auf den Händen hat er's hineintragen in den Wagen, der Graf — und da fahren's jetzt im Galopp durch die Straßen auf den rauschenden Ball. Fahr' wohl, mein Tinerl, Dein Weg führt Dich in Saus und Braus, zu Glanz und Jubel — zum Glück! (Sie blickt ganz entzückt aus dem Fenster.)

Clara (hat sich indeß erhoben, gegen die Thür gehend, für sich). Und mich der meine zum Frieden! (Sie bleibt unter der Thür stehen, blickt tief bewegt noch zurück nach der Mutter, der sie mit der Hand ein stilles Lebewohl zuwinkt, dann verschwindet sie mit gesenktem Haupte in der Thür.)

Der Vorhang fällt.

Zweiter Act.

(Spielt zwei Jahre später.)

Eleganter Salon in Alfred's Villa mit Mittel- und Seitenthür.

Erste Scene.

Johann und Lisi, letztere als Stubenmädchen nett und kokett gekleidet.

Johann. Sie is und bleibt eine überspannte Person und rangirt in jenes Capitel meiner ungedruckten, philosophischen Weltanschauung, welches von den „Narren" handelt.

Lisi. Und Er is und bleibt a Dalk, daß sich nicht Sein ganzes bess'res G'fühl, von welchem Er immer so viel Aufhebens macht, aufbäumt, wenn man ihm den gemeinen Namen „Johann" entgegenschleudert. So 'was klingt in einem gräflichen Haus unausstehlich ordinär. I laß' mi jetzt nur französisch „Lisette" tituliren und gib ehnder kan' Ruh', bis auch Er sich „Jean" rufen läßt, damit wir besser z'samm'passen.

Johann. Sie is ein seichtes Frauenzimmer und klebt nur an der Oberfläche der Dinge. Mein Blick dringt tiefer und hat erkannt, daß viele Menschen, die einen glänzenden Titel führen, schlecht, und alle, die etwas d'rauf halten, Narren sind! Muß es übrigens durchaus sein, daß wir so genau miteinander harmoniren?

Lisi. Natürlich! Das is ja schon a alte G'schicht', daß in ein' herrschaftlichen Haus der Bediente und 's Stubenmadel z'samm'halten. (Mit einem koketten Seitenblick.) G'wöhnlich sein's auch Lieb'sleut' mitanander.

Johann. Nun, darüber können wir uns ja gelegentlich verständigen. Eins muß ich Ihr jedoch gleich ganz bestimmt erklären, daß ich mich mit Ihr nur auf ein Verhältniß von unbestimmter Dauer einlassen kann. Jeder Zwang is meiner philosophisch freien Natur zuwider, und dann müßt' Sie ja keine Augen im Kopf' haben, wenn Sie nicht schon längst gemerkt haben sollte, daß ich zu etwas Höherem geboren bin.

Lisi. Geh'ns, redens net immer so g'schwollen daher, g'rad' als ob Sie a verwunschener Prinz wären.

Johann. Kann man's wissen? Aber die Menschen sind Narren und da fehlt ihnen die Gabe, ohne äußere Abzeichen den inneren Werth derjenigen zu unterscheiden, mit denen sie, so wie Sie mit mir, zu verkehren die Ehre haben. Dös is aber von die Leut', die selbst lebendige Unterscheidungs= zeichen sind, a unverzeihlicher Fehler.

Lisi. Na, was Sö net no Alles austipfeln werden — Menschen und Unterscheidungszeichen, wie paßt denn das zusammen?

Johann. Hör' und beug' Sie sich vor der Macht eines, alle Höhen und Tiefen der Menschheit umfassenden Domestikengemüths. Wir Bediente sind die Beistrich', die Censoren der Strichpunkt, die Todtengräber der Schluß= punkt der Menschheit. Die Wucherer sind die Klammern, die Gendarmen die Binde=, die Demimondlerinnen die Ge= dankenstrich'; die Journalisten die Ausrufungs=, die Schauspielerinnen die Anführungs=, die Diurnisten die Fragezeichen und die böhmischen Ammeln der Doppel= punkt der Menschheit.

Lisi. Hahaha, das is zu komisch! Aber eins, was mich am meisten interessirt, haben Sie vergessen: die Stuben= madeln!

Johann. Stubenmadeln sind — keine Menschen.

Lisi. Was?!

Johann. Stubenmädel sind Katzen und mit denen hat die Philosophie nichts zu schaffen.

Lisi. Und Sie sein a Flegel, a hirnverdrahter Narr, der um nix besser is, als die ganzen Mannsbilder mit= anander; 's G'scheidt'ste wär', Euch männliches G'fieder= werk mit stiller Verachtung zu strafen und mit dem erha= benen Stolze einer unverfälschten deutschen Jungfrau alle irdenen, schwachherzigen Gefühle zu unterdrücken.

Johann. Das gelingt Ihnen nie, Mamsell' Lisi; ich bin Menschenkenner.

Lisi. Ihr Wissen ist stupend. Schade, daß Sie kein Gelehrter 'worden sein, Sie hätten als Professor gewiß ein Meer von Licht verbreitet.

Johann. Sehen Sie's ein? Oh, es hätt' auch nichts geschadet, denn es gibt bei uns so manche dunkle Punkte, die eine grelle Beleuchtung nöthig haben.

Lisi. Darf man etwas profitiren von Ihnen, Herr — Laternanzünder?

Johann. Warum nicht! Recht gern!

Duett.

1.

Lisi. In der Zeitung steht es drin,
Daß die erste Sängerin,
Die so herrlich singt und mimt,
Plötzlich einen Urlaub nimmt.

Johann. Weil die Luft ihr hier zu schwül,
Zieht sie in die Hinterbrühl,
In des Waldes-Einsamkeit,
Wo sie etwas sich zerstreut.

Lisi. Jetzt ein Urlaub? Etwas dunkel —
Fragen hört man und Gemunkel. — —

Johann. In die G'schicht' —
Bring' ich schnell Licht:
A kleine Wiegen — Kinderg'schrei —
D'Madam' Mayer steht dabei;
A Hanafin rennt durchs Haus —
So schaut dieser Urlaub aus!

Lisi. Aha!
Johann. Ja, ja!
Beide. So schaut dieser Urlaub aus!

2.

Lisi. „Was? Um Fünfe in der Fruah,
Kommst Du z'Haus — jetzt hab' ich gnua,
Für ein' Rath schickt sich das nicht",
Eine Dame grollend spricht.

Johann. „Weißt, mein Schatzerl", so lallt er,
„D'Sitzung war heut' lang' — auf Ehr',
Doch wir hab'n, obwohls gleich Tag',
Endlich g'löst die Wasserfrag'."

Lisi. Wasserfrag'? Etwas dunkel —
Fragen hört man und Gemunkel. — —

Johann. Da bin ich schon
Als Edison:
A Chansonette im Tricot —
Im Chambre separé — Cliquot.
Er schreit: „Heut' geh' i nimmer z'Haus!"
So schaut die „Wasserfrage" aus!

Lisi. Aha!
Johann. Ja, ja!
Beide. So schaut die Wasserfrage aus!

3.

Lisi. Ein Tempel einst der heil'gen Kunst,
Bei den Wienern hoch in Gunst,
War gehütet wie ein Schatz
Drin auf dem Michaelerplatz.

Johann. Jetzt hat man ein' neuen 'baut,
Hab' mich fast hinein net 'traut,
Und hat man d'rüber mich gefragt,
Hab' ich keine Antwort g'sagt.

Lisi. Was? Ka Antwort? Etwas dunkel —
Fragen hört man und Gemunkel. — —

Johann. Entzünd' zur Stell'
Das Glühlicht schnell:
Man muß, will man ein Theater bau'n,
Nicht blos auf Ornamentik schau'n,
Weil sonst den Leuten drin, ich wett',
Vor Zug das Hör'n und Seh'n vergeht.

Lisi. Aha!
Johann. Ja, ja!
Beide. So schaut's drin aus im neuen Haus!

4.

Lisi. Daß d'Linienwälle endlich fall'n,
Hört man schon lange jubelnd schall'n,
Doch zieht die G'schicht sich schrecklich hin.
Voll Ungeduld wart' schon ganz Wien.

Johann. Ah, jetzt steht die Sach' famos,
Bald schon geht der Rummel los,
Denn die Acten liegen schon
Drinnen bei der Commission.

Lisi. Commission? Mir etwas dunkel —
Fragen hört man und Gemunkel. — —

Johann. Es werde Licht
À la Drumond:
Die Linienwälle werden fall'n,
Wenn einst die Posaunen schall'n
Hoffentlich zum jüngsten G'richt,
Seins fertig — vielleicht mit'n Bericht.

Lisi. Aha!
Johann. Ja, ja!
Beide. So schaut's mit'n Fall'n der „Linien" aus!

(Beide ab.)

Zweite Scene.

Frau Binder in einem sehr eleganten, wohl etwas geschmacklos, jedoch nicht übertrieben aufgeputzten Kleide, kommt durch die Mitte. Sie spricht geziert vornehm und gezwungen hochdeutsch, wobei sich aber stellenweise der gewöhnliche Wiener Dialekt bemerkbar macht. Lisette folgt.

Frau Binder. Lisette, ist meine Tochter, die Frau Gräfin, schon aufgestanden?

Lisi. Noch nit, gnä' Frau!

Fr. Binder (ärgerlich). Gott, wenn ich nur das Wort „gnä' Frau" nicht immer hören müßt'! Wie oft soll ich es Dir noch expliciren? Ich bin doch die Mutter von der Frau Gräfin, folglich die „Gräfin-Mutter", und ich muß streng' d'rauf b'steh'n, daß mir von der Dienerschaft diese Titalatur beigelegt wird. (Verächtlich.) „Gnä' Frau!" so sagt man heutzutag' schon zu jeder Schusterin.

Lisi. Ich bitt' um Entschuldigung, Frau Mutter-Gräfin! Wissens, mir fallt halt doch dann und wann die alte Zeit ein, wo Sie noch die einfache „Frau Binder" waren und wo Ihnen schon vor Freuden 's G'sicht aus'n Leim 'gangen is, wann ich amal Frau „von" Binder zu Ihnen g'sagt hab'.

Fr. Binder. Das G'sicht aus'n Leim! (Entrüstet.) Mein G'sicht geht nie aus'n Leim, merk' Dir das und mach' mich überhaupt net schiach, Lisette, sonst bist Du am längsten hier gewesen! Verstehst Du?

Lisi. Ja, ja, ich bitt' Frau Gräfin-Mutter, sein's nur schon wieder gut, ich werd' mich g'wiß z'samm'nehmen. Werden Euer Gnaden Frau Mutter-Gräfin sonst noch 'was befehlen?

Fr. Binder (nobel). Nein, Du kannst geh'n, Du brauchst auch nicht alleweil so viel z'reden, ich liebe das Geplapper nicht!

Lisi (für sich). Gott, wie sich die Alte jetzt aufbläht, g'rad' wie der Frosch in der Fabel, der nachher vor lauter Hochmuth zerplatzt is. Na, wann die Alte auch amal zerplatzen thät', das wär' a schöne Bescheerung! (Klingeln rechts. Laut.) Ah, die Frau Gräfin-Tochter is aufg'standen, ich küß' die Hand, Frau Gräfin-Mutter! (Eilt rechts ab.)

Dritte Scene.

Frau Binder allein, dann **Johann.**

Fr. Binder. Es hat mich schon oft g'reut, daß wir die Lisi in Dienst g'nommen haben. So ein keckes G'schöpf bild't sich 'was d'rauf ein, daß sie uns in den frühern Verhältnissen 'kennt hat und nimmt sich dessentwegen so Manches 'raus.

Johann (durch die Mitte). Euer Gnaden, alte Frau Gräfin —

Fr. Binder (auffahrend). „Alte" Frau Gräfin! Er Tölpel! „Frau Gräfin-Mutter" sollt Ihr mich tituliren, dummes Volk, könnt Ihr Euch denn das gar nicht d'ermerken?! Was gibt's? Was will Er?

Johann. Es is eine Frau draußen, die gern ihre Aufwartung machen möcht'. Ihren Namen will sie nicht nennen, sie sagt blos: sie wär' a gute alte Bekannte von der Frau Binder.

Fr. Binder. Wie sieht sie denn aus?

Johaan. Na, so ziemlich raisonnable. (Bei Seite.) A echte Vorstadt-Tratschen von die harben Gründ'!

Fr. Binder. Hat sie ihre Karte abgegeben?

Johann. Dö, a Karten? (Für sich.) Die könnt' höchstens Aufschlag-Karten bei sich haben.

Fr. Binder. Laß' Er sie herein. Ich bin wirklich neugierig, wer die Frau ist.

Johann (bei Seite im Abgehen.) Ihr Aeußeres scheint das einer Hebamm'! (Plötzlich von einem Gedanken erfaßt, ganz consternirt.) Ja, um Gotteswillen, die Alte wird sich doch nöt am End' a Madam' in's Haus kommen lassen?! (Durch die Mitte ab.)

Fr. Binder (allein). Welche von meinen frühern Bekannten es nur sein mag, die mich aufsucht? Es is mir übrigens ganz recht, daß uns Jemand in unserm jetzigen Glanz bewundern kommt. (Während der nächsten Scene verfällt sie nach und nach in ihr natürliches, lebhaftes Wesen aus dem ersten Act.)

Vierte Scene.

Die Vorige. Frau Schimmerl, sehr aufgeputzt, erscheint knixend in der Mittelthür.

Fr. Schimmerl. Ich küß' d'Händ. Ich bitt', is erlaubt?

Fr. Binder. Was seh' ich — die Frau Schimmerl!

Fr. Schimmerl. Jessas, d' Frau Binder! Ich trau' mein' Augen gar net — aber ja, ja — Sie sein's! (Eilt auf sie zu, sie umarmend.) Meine liebe, gute, einzige Frau von Binder! (Sie bewundernd.) Na, wie Sie ausschau'n, dö Nobleß', Frau Baronin — und dö Pracht, wo man hinschaut! Wissens, Frau Gräfin, ich bin a Frau, die immer weiß, was sie red't, aber da möcht's mir bald die Red' verschlagen.

Fr. Binder. Net wahr, da wunderns Ihnen? Ja, ja, Frau Schimmerl, mit uns hat sich die G'schicht g'macht. Aber nehmens doch Platz und sagens mir vor Allem, wie Sie daherkommen, von wem habens denn eigentlich erfahren —?

Fr. Schimmerl (während sich Beide niedersetzen.) Ach, meine liebe Frau von Binder, wie gern hätt' ich Ihnen schon früher amal aufg'sucht, aber Sie waren damals so plötzlich und heimlich aus Ihrem Quartier verschwunden, als wenn's in die Erd' g'sunken wären. Ich sag' Ihnen, das war a

Aufseh'n in der ganzen Gassen — ka Mensch hat g'wußt, was da passirt is. Ich bin doch a Frau, die immer weiß, was sie red't, aber damals bin ich sprachlos dag'standen. A Vierteljahr is von nix And'rem g'red't worden wie von Ihnen. Und sogar jetzt — nach beinah' zwei Jahren is noch ka Ruh', denn neulich is wieder bei der Frau von Pomeisel sehr stark d'rüber debattirt worden.

Fr. Binder. Ah geh'n's!

Fr. Schimmerl. D'Frau Pomeisel hat nämlich g'meint, die Tinerl wär' mit dem Grafen durch'gangen — dagegen hat die Frau Klingelbeutel fest behaupt', der Graf hätt' die Tinerl sitzen lassen, und da wären Sie mit ihr aus lauter Schand' und Desparation ganz von Wien fort'zogen — irgendwohin auf's Land, bis über die G'schicht' Gras g'wachsen wär'.

Fr. Binder (empört). So a Lästertratschen! Und was haben denn Sie dazu g'sagt, Frau Schimmerl?

Fr. Schimmerl (wichtig). Na wissen's, ich bin a Frau, die immer weiß, was sie red't, d'rum hab' ich g'sagt: es is weder so, noch so, sondern ganz anders, und wir werden schon erfahren, wie's eigentlich is. Und richtig! Durch die Hausmeister-Lisi ist's auf amal auf'kommen, wo Sie stecken.

Fr. Binder. Durch die Lisi? Aber wir haben ihr doch verboten —

Fr. Schimmerl. Wissen's, das Madel is a bisl leichtsinnig, halt nirgends lang' aus und treibt sich bald da, bald dort 'rum. Ihre Mutter hat selber schon längere Zeit net g'wußt, wo sie hin'kommen is. Auf amal bringt gestern Abend ihr Bruder die Nachricht z'Haus, daß sie bei Ihnen als Stubenmadel dient, daß die Tinerl wirklich a Gräfin is und daß Sie da heraußen in einer wunderschönen Villa logiren.

Fr. Binder. Na wissen's, die Lisi is uns vom Dienstboten-Bureau herg'schickt worden, und wir wollten's wegen der Tratscherei net mehr z'ruckgeh'n lassen.

Fr. Schimmerl. Ich aber hab' ka Ruh' mehr g'habt, hab' mir heut' mein schönst' G'wand an'zogen und mir 'denkt: Geht's wie's will, du mußt deiner lieben alten

Freundin ein' B'such machen, wirst ja seh'n, wie d' auf= g'nommen wirst, 'nauswerfen werden's dich wohl net.

Fr. Binder. Aber wie können's denn mir, aner Gräfin= Mutter, so 'was Ordinäres zumuthen! Schauen's, ich hätt' damals aus uns'rer Uebersiedlung ka G'heimniß g'macht, aber mein gräflicher Schwiegersohn hat's so haben wollen, und 's war auch sehr nothwendig, denn da waren Ihnen noch G'schichten —!

Fr. Schimmerl. Hören's auf!

Fr. Binder. Die adelige Verwandtschaft hat durchaus nix von meiner Tinerl wissen wollen, b'sonders a alte Tant', a so a hartschädlete Gräfin, deren Namen ich noch heut' net aussprechen kann, wollt' mein' Schwiegersohn sogar ent= erben. wenn er die Tinerl heirat'.

Fr. Schimmerl (entrüstet). Na, derer hätt' ich an Ihrer Stell' den Standpunkt ordentlich klar g'macht, mit der hätt' ich curios dischcurirt, ich!

Fr. Binder. Was glauben's denn, wir haben sie ja nie zu G'sicht 'kriegt. Der Graf hat uns nur immer erzählt, was sie g'sagt oder aus Krakau g'schrieben hat. Mit der Hochzeit hat's sich immer mehr in d'Läng' 'zogen, die Tinerl hat all'weil g'weint, ich hab' raisonnirt und der Graf war desparat, denn der hat Ihnen das Madel gern — no, ich sag' Ihnen, das is schon aus der Weis'.

Fr. Schimmerl. No ja, das glaub' ich, ich bitt' Ihnen, a so a Graf, der versteht's weiter net!

Fr. Binder (geheimnißvoll wichtig erzählend). Da war guter Rath theuer, und endlich is halt dem Grafen nix anders übrig 'blieben, als sich mit der Tinerl heimlich trauen zu lassen.

Fr. Schimmerl (schlägt die Hände zusammen). Ah, was Sie sagen!

Fr. Binder. In uns'rer Wohnung is in ein' Zimmer a förmlicher Altar aufg'stellt worden, ganz wie in einer Kirchen. Abends is dann der Pater und der Kirchendiener mit'n Weihwedel in einer g'schlossenen Kalesch und im vollen Ornat kommen, nachher is die Trauung vor sich 'gangen — ganz wie in der Kirchen.

Fr. Schimmerl (höchst erstaunt). Na hören's, aber so 'was! Da is also die Tinerl nur hamlich a Gräfin?

Fr. Binder. Ja, aber nur vor der Hand, nur so lang', bis die obstinate gräfliche Tant' stirbt und mein Schwiegersohn die große Erbschaft 'rauskriegt hat.

Fr. Schimmerl. Na und der Herr Graf — der wohnt doch auch da mit Ihnen?

Fr. Binder. Net immer, aber meistens! Sonst wohnt er auch drin in der Stadt oder er macht kleine Reisen — wie's halt schon bei so hohen Cavalieren Mod' is; aber er versorgt uns mit Allem, was wir brauchen. Ich sag' Ihnen, wir haben Alles, was unser Herz verlangt.

Fr. Schimmerl. Na so sehn's, so haben Sie's doch so gut 'troffen auf Ihre alten Tag'. Hab' ich's Ihnen damals net prophezeit, Sie werden noch a gräfliche Mutter? O, ich bin a Frau, die immer weiß, was sie red't. (Vertraulich.) Aber was is denn, Frau von Binder, könnt' ich denn nit auch der Frau Gräfin aufwarten? Ich möcht' ihr gar so gern mein Buckerl machen, ich hab' ja das liebe Madel alleweil so gern g'habt.

Fr. Binder (verlegen). Das wird wohl jetzt net gut möglich sein, liebe Frau Schimmerl, sie is g'rad' erst auf= g'standen und ist noch im Englischée — Sie wissen ja, so noble Damen schlafen gern' lang' —

Fr. Schimmerl (einfallend). No freilich — no ja — und sie muß halt jetzt die Fadessen mitmachen, ob's will oder net, das siech ich schon ein. Na, da könnt' ich derweil mit der Fräul'n Clara a bisl dischcuriren, die ich auch schon so lang' net g'seh'n hab'.

Fr. Binder (sieht sie groß an, erstaunt). Mit der Clara? Die is ja net da bei uns.

Fr. Schimmerl (höchst verwundert). Was — net da? Ja, wo is denn die? Die is ja damals zugleich mit Ihnen ver= schwunden!

Fr. Binder (verlegen und unangenehm berührt). Ja, meine liebe Frau Schimmerl, über die Clara kann ich Ihnen ka Auskunft geben. Sie ist damals heimlich von uns fort und ich hab' seitdem nix von ihr g'hört.

Fr. Schimmerl. Ah, das ist stark! Sie, das macht mich ganz desparat. Das Madel ist nach dem Tod von ihr'n Liebhaber alleweil so dasig und tiefsinnig g'wesen — sie wird sich doch net epper gar 'was anthan haben?

Fr. Binder. Ah, was Ihnen net einfallt!

Fr. Schimmerl (nachdenkend). No ja, freilich — da hätt' man g'wiß auch 'was in der Zeitung g'lesen! Daß man aber gar nix von ihr g'hört hat, is halt doch a so a Sach'. Ich bin a Frau, die sonst weiß, was sie red't, aber da weiß ich meiner Seel' nit, was ich sagen soll.

Fünfte Scene.
Vorige. Johann.

Johann (durch die Mitte). Euer Gnaden gräfliche Frau Mutter, der Wagen des Herrn Grafen kommt soeben angefahren.

Fr. Binder. Kommt er allein?

Johann. Der Wagen? Nein! Mit zwei Schimmeln kommt er.

Fr. Binder (ärgerlich). Tölpel! Ich meine, ob der Herr Graf allein kommt?

Johann. Ich muß es bejahen. Wenigstens sehe ich bis jetzt Niemand, der mit ihm wär'.

Fr. Schimmerl. Jessas, da muß ich schauen, daß ich weiter komm', der Herr Graf möcht' sich weiter net wundern, wenn er mich da träf'. Ich empfehl' mich also schönstens, meine liebste Frau von Binder, und der Frau Gräfin laß' ich derweil die Hand küssen.

Fr. Binder. Geben's uns halt a andersmal die Ehr', auf eine Tasse Thee, echten chinesischen, das Viertel=Kilo zehn Gulden.

Fr. Schimmerl. No, wann's erlauben, werd' ich schon so frei sein, und denen Tratschen in uns'rer Gassen werd' ich's ordentlich unter d'Nasen reiben, wie der Herr Graf die Tinerl sitzen lassen hat.

Fr. Binder (während Beide zur Thür gehen). Ja, ja, sagen's nur, es hat mich sehr bischgustirt, daß man solche Sachen von uns red't.

Fr. Schimmerl. Na, das können's Ihnen doch denken, daß ich's net sparen werd'. Die G'schicht' wird ausstaffirt, daß die Pomeisel die Gelbsucht und die Klingelbeutel vor lauter Neid 's Gallfieber kriegt. Also, pfirt Ihnen Gott (umarmt sie), Sie meine liebe, liebe Gräfin=Mutter. Wie ich

Ihnen das Glück vergunn', da haben Sie ka blasse Idee! Und was das Uebrige anbelangt — verlassens Ihnen nur auf mich! Die ganze Gasse bring' ich in Allarm — na, Sie kennen mich ja, ich bin a Frau, die immer weiß, was sie red't. (Beide rechts ab.)

Sechste Scene.
Johann. **Graf Alfred** rasch eintretend durch die Mitte.

Alfred. Erkundigen Sie sich, ob die Frau Gräfin mich schon empfangen kann.

Johann. Hochdieselben sind soeben mit dem linken Fuß aus dem Bett und in die gräflichen Schlapfen gefahren — in a paar Stunden kann die ganze Toilette beendet sein.

Alfred. Ersuchen Sie Lisette, meiner Frau zu melden, daß ich in einer äußerst dringenden Angelegenheit sogleich mit ihr zu sprechen wünsche.

Johann. Zu Befehl! (Ab.)

Siebente Scene.
Alfred allein, unruhig auf und abgehend.

Alfred. Wäre dies abgethan! Wäre diese Stunde, die entsetzlichste meines Lebens, schon vorüber! Mit welcher Stirne soll ich ihr, der Arglosen, entgegentreten, wie meine Worte setzen, ihr das schreckliche Geheimniß meines finanziellen Ruins auf das Schonendste beizubringen? O, ich war leichtsinnig, verschwenderisch, unbedacht, aber die schmerzliche Nothwendigkeit dieses Geständnisses sühnt mein Vergeh'n schon zur Hälfte und so darf ich wenigstens hoffen, ihr Mitleid mit mir auf den weiten Weg zu nehmen, von dem ich wohl kaum je zurückzukehren so glücklich sein werde!

Achte Scene.
Voriger. Johann.

Johann. Die Frau Gräfin!

Alfred. Schon, schon? O mein Gott! Im Augenblicke, wo die Entscheidung naht, beginnt mich der Muth zu verlassen. Ich werde ihr nicht Alles sagen können. Ich will —

ja, ja, das ist's! Was mein Mund nicht bekennt, soll ihr ein reumüthiges Schreiben eingestehen. Schnell, Tinte und Feder! (Rasch links ab.)

Johann (sieht dem Grafen einen Augenblick verblüfft nach, dann sagt er kopfschüttelnd). Sie kommt — Er geht — Ah, das ist nicht schlecht — mir scheint der Graf und die Gräfin spielen „Verstecken", da geh' ich jetzt zur Lisi „G'vatter, leih' mir d'Scheer'" spielen. (Ab.)

Neunte Scene.

Ernestine in einem höchst eleganten Morgenanzug tritt mit **Frau Binder** von rechts ein.

Fr. Binder. Nun, wo is er denn?

Ernestine. Er wird auf sein Zimmer gegangen sein, ich werde ihn rufen.

Fr. Binder. Gräfin! Tochter! Was fällt Dir ein? Wozu haben wir denn die theuern Domestiken? (Klingelt.)

Johann (eintretend). Euer Gnaden befehlen?

Fr. Binder. Melden Sie dem Herrn, daß seine gräfliche Frau Gemalin zu sprechen ist — verstanden?

Johann. Sehr wohl! (Das Lachen verbeißend, bei Seite.) Das is sehr gut! Bis jetzt der Graf kommt, is die Gräfin wieder pfutsch — 's geht nix über a Hetz, sogar für uns Philosophen. (Ab links.)

Ernestine (wirft sich unmuthig in einen Fauteuil.)

Fr. Binder. No, no, Tinerl, was hat Dir denn der Fontenell 'than — mir scheint, Du bist heut' net zum Besten z'samm'g'legt?

Ernestine. Ich habe schlecht geschlafen und einen bösen Traum gehabt, der mich auch wachend nicht verlassen will.

Fr. Binder. Und z'wegen dem so a Metten — geh' weiter!

Ernestine. Mir träumte, ich befände mich auf einer weiten, grünen Höhe, die im hellsten Sonnengolde glänzte.

Fr. Binder. Berg is 19, Sonne 27, grün 54! Meiner Seel', wenn ich ka Frau Gräfin-Mutter wär', setzet ich 's nach Temesvár, das gäbet ein' Viech-Terno.

Ernestine. Plötzlich aber hüllten düst're Wetterwolken Alles um mich her in Nacht, und unter meinen Füßen öffnete sich ein bodenloser Abgrund. Entsetzt schrie ich auf — mir schwindelte — ich fühlte mich stürzen — da erfaßte mich eine starke Hand und hielt mich schwebend über der Tiefe. Bestürzt blickte ich meiner Retterin ins Antlitz — es war: Schwester Clara! Sie sah mich starr und durchbohrend an und aus der Tiefe drang ein crasses, höhnisches Lachen, das immer lauter, immer gellender, immer gräßlicher wurde und an den Felsen widerhallte, wie ein tausendfaches Echo zahlloser Koboldstimmen, die mich in tollem Wirbelsturme höhnend umkreisten. In Schweiß gebadet erwachte ich endlich, aber die gräßlichen Laute tönen mir noch jetzt im Ohr, und mir ist es, als würden sie nie — nie wieder verklingen! (Lehnt sich erschöpft zurück.)

Fr. Binder (ist ernst geworden). Na, jetzt hörst, wannst nix G'scheidters zu träumen hast — meiner Seel', ich hab' selber a Gaushaut kriegt. (Sich zum Lachen zwingend.) 's is aber a rechter Unsinn! Wirst halt schlecht g'legen sein, z'wenig unter'm Kopf oder z'viel im Magen g'habt haben — plinius venter, sagt der Herr Doctor!

Ernestine. Ich weiß nicht, Mutter, woher es kommt, aber mich befällt seit einiger Zeit oft eine ganz eigenthümliche Unruhe. Ich fürchte immer, in uns'rem Hause ist nicht Alles so, wie es sein sollte.

Fr. Binder. Na, diese Einbildungen!

Ernestine. Gebe Gott, daß es nichts weiter als solche wären. Aber wenn ich mir auch oft selbst einzureden suche, mich getäuscht zu haben, der erste Blick, den ich auf Alfred werfe, bestärkt mich wieder in meinen Vermuthungen. Sein Benehmen ist ein anderes geworden, die ihn sonst so reizend kleidende Heiterkeit hat einer unsagbaren Unruhe Platz gemacht, und wenn ich ihm oft recht vertrauend in die Augen blicken will, schlägt er sie vor mir nieder, gleich als fürchtete er, mich in seinem Innern lesen zu lassen.

Fr. Binder. Du bist a Kind, Tinerl. Was soll so a Graf, der sich jeden Wunsch erfüllen kann und Geld wie Heu hat, für Sorgen haben?

Ernestine. Und doch scheinen es mir gerade finanzielle Verlegenheiten, die ihn drücken, und ich fürchte, unser Haushalt legt ihm Lasten auf, die er nicht länger zu tragen im Stande sein dürfte. Er bleibt seit einiger Zeit seinen gewohnten Gesellschaften fern, verkehrt nur mit seinem Freunde, dem Baron Hugo, und die vielen geheimnißvollen Besuche, die er empfängt, dies Flüstern und Verhandeln bei geschlossenen Thüren — sag' was Du willst, Mutter — es bedeutet nichts Gutes.

Fr. Binder. Das is Alles nix, als der dumme Traum, der Dir jetzt noch im Kopf liegt. I hätt' gar net 'glaubt, daß Du so a Sonnambulissimus sein könnt'st.

Johann. Der Herr Graf werden sogleich erscheinen.

Fr. Binder. Sie haben aber zu Ihrer Meldung lang' 'braucht, Sie langweiliger Peter!

Johann. Johann, Euer Gnaden Frau Mutter-Gräfin, Johann! I hab' mi aufg'halten, weil der Herr Graf g'rad' in einer wichtigen Briefschreiberei vertieft war und net hat g'stört werden dürfen.

Ernestine. Es ist gut, gehen Sie nur, lieber Johann!

Johann (bei Seite). Lieber! 's is a lieber Schneck, die Gräfin-Tochter, dafür beißt die Gräfin-Mutter, wie a alte Pfeffergurken. (Ab.)

Zehnte Scene.
Vorige. Graf Alfred.

Alfred. Guten Tag, meine kleine Langschläferin! Guten Tag, Schwiegermutter! Darf ich Sie bitten, mich einen Augenblick mit Ernestine allein zu lassen.

Fr. Binder (consternirt). Allein? — Allein? Na, Sie werden doch mit Ihrer Frau nix so Geheimnißvolles zu verhandeln haben, daß ich, die Mutter, es nit a hören dürft'?

Alfred. Und doch betrifft das, was ich Ernestinen zu sagen habe, nur mich und sie — es ist, wenigstens vorläufig, wirklich ein Geheimniß.

Fr. Binder (begierig). Ein Geheimniß? Ah, da muß ich bitten! Geheimnisse gehen mir über Alles. Lassens hören!

Alfred. Nein, liebe Schwiegermutter, ich muß auf Ihrer Entfernung bestehen.

Ernestine. Bitte, Mutter, laß' uns allein.

Fr. Binder. Allein? Jetzt, wo die G'schicht' interessant wird, allein? (Piquirt und mit Nachdruck zu Alfred.) I bin net neugierig, Herr Graf, aber so viel muß ich Ihnen schon sagen, daß Sie mich um das Geheimniß bringen, werd' ich Ihnen nie in meinem Leben vergessen. Daß bürgerliche Schwiegersöhne ihre Mütter gern' auf d'Seiten schummeln, hab' ich g'wußt, aber heut' hab' ich die Erfahrung g'macht, daß auch die adeligen Herren Schwiegersöhne in gewissen Pünktern noch sehr — sehr bürgerlich sind. Schamste Dienerin! (Rasch rechts ab.)

Elfte Scene.
Alfred. Ernestine.

Alfred. Wir sind allein, Ernestine. Versprich mir, was ich Dir jetzt zu sagen habe, mit Fassung und Ruhe anzuhören.

Ernestine. O mein Gott! Dieser Eingang —

Alfred. Bedeutet nichts Gutes, willst Du sagen. Leider darf ich Deine Ahnung nicht Lügen strafen.

Ernestine (in angstvoller Spannung). Was werd' ich hören?

Alfred. Sieh, Ernestine, mein ererbtes väterliches Vermögen war kein großes, das Gut, welches ich nach dem Tode meiner Mutter übernahm, stark mit Schulden überlastet. Leider fehlte es mir an Muth und Kraft, mit den bescheidenen Mitteln, die mir blieben, ein Auskommen zu suchen. Schon als ich Dich kennen lernte, stand nicht Alles so, wie es sollte. Aber ich liebte Dich zu sehr, als daß ich im Stande gewesen wäre, Dir auch nur einen Wunsch zu versagen, ich fühlte mich zu eingelebt in die Traditionen meiner Familie, als daß ich es über mich hätte bringen können, Dir zu gestehen, daß es mir an irgend etwas mangle. Nur um Dir einen Himmel zu bereiten, ließ ich mich in gewagte Speculationen ein, spielte an der Börse und hoffte immer wieder auf's Neue, immer wieder vergebens, die klaffenden Lücken in meiner Cassa zu füllen.

Ernestine. O meine Ahnung! Und ich lebte hier in Ueberfluß und Glück, während Dich die Sorgen fast erdrückten. Warum vertrautest Du mir nicht früher, daß ich Deinen Kummer mit Dir theilen und vor Allem die Kosten unsrer Haushaltung hätte einschränken können?

Alfred. Ich hoffte, die Wetterwolken an Deinem Haupte vorüberführen und ohne daß Du etwas davon ahntest, Dich bei heiterem Himmel erwachen lassen zu können. Leider erwies sich meine Zuversicht als trügerisch. Die guten Freunde, mit denen ich einst in sorgloser Leichtfertigkeit mein Vermögen getheilt hatte, ließen mich, als ich Rath und Hilfe suchend zu ihnen kam, allesammt im Stiche und so stehe ich vor einer schweren Krisis, die ich Dir nicht länger verschweigen darf.

Ernestine. O mein Gott!

Alfred. In den gegenwärtigen Stürmen bleibt mir nur ein Rettungsanker, die Hilfe meiner Tante in Krakau. Sie ist reich, kinderlos, doch leider ahnenstolz. Wenn sie mir nicht aus Liebe beispringt, so hoffe ich zumindest, daß sie mich schon des Geredes der Welt wegen nicht in dieser Lage lassen wird. — Ich komme um Abschied zu nehmen, noch in dieser Stunde will ich zu ihr reisen.

Ernestine. Mein Gott, so plötzlich!

Alfred. Es muß sein, meine Lage ist dringend.

Ernestine. Und wirst Du lange ausbleiben, Alfred?

Alfred (verlegen). Ich weiß es nicht. — Sie ist hartnäckig — es wird Kampf kosten. Jedenfalls müssen wir uns auf eine längere Trennung gefaßt machen. Für Dich, Ernestine, ist einstweilen gesorgt, die Wohnung auf längere Zeit vorausgezahlt, bei meinem Banquier ein Betrag sichergestellt, der Dich in der Zwischenzeit vor Entbehrungen schützt.

Ernestine. In des Himmels Namen! — Möge Gott uns gnädig sein und das Herz Deiner Tante für Dich stimmen!

Alfred (erregt). O, Du bist zu mild, zu nachsichtig gegen mich, Ernestine. Ich erwartete Vorwürfe und Du überhäufst mich mit himmlischer Güte. Verdiene ich das, der ich Dir zwei Jahre Deines Lebens geraubt und Dein Dasein verbittert, vergiftet habe?

Ernestine. Verbittert, vergiftet? Alfred, wie kannst Du das sagen? Du hast mich, das arme Mädchen, zu Dir emporgehoben, hast mich in Deiner Liebe ein Glück kennen gelernt, wie ich es so schön, so wonnevoll selbst in meinen kühnsten Wünschen nicht ahnen konnte. Möge nun kommen, was da will, die Seligkeit, die mir das Bewußtsein, Dein ehrlich

Weib zu sein, gewährte, ist reich und voll genug, ein ganzes Leben voll Bitterkeit zu versüßen.

Alfred (außer sich). O, nicht weiter, nicht weiter, Ernestine! Deine Worte zerreißen mir das Herz! Deine Liebe läßt mich meine Nichtswürdigkeit erst recht in ihrer ganzen Größe erkennen. Ich war ein Elender, der Dich verrathen, der Dich betrogen hat. Vergib mir und leb' wohl! (Rasch durch die Mitte ab.)

Zwölfte Scene.
Ernestine allein.

Ernestine (ihm nach). Was war das? Alfred, Alfred! — Er hört nicht, er stürzt die Treppen hinunter — Alfred! — Sollte er mir nicht Alles gestanden haben, sollte ein schlimmeres Bekenntniß, daß sich nicht über seine zitternden Lippen wagt, noch zurück sein? — O mein Gott! Den Verlust des Reichthums werde ich verschmerzen, in seiner Liebe glücklich sein, wenn mir fortan auch nur ein ärmliches Dasein an seiner Seite bliebe; was ich aber nicht ertragen, was mich der Verzweiflung in die Arme schleudern würde, wäre, erfahren zu müssen, daß er Geheimnisse vor mir birgt, daß sein Leben nicht klar und offen vor mir liegt, wie ein leuchtender Spiegel.

Dreizehnte Scene.

Vorige. Die Mittelthür wird à tempo geöffnet und in derselben erscheinen die barmherzigen Schwestern **Maria** und **Beate**. Maria tritt einen Schritt vor, während Beate unter der Thür bleibt.

Maria. Gelobt sei Jesus Christus!

Ernestine (die abgewendet steht, dreht sich rasch um und starrt bestürzt auf Maria). Diese Stimme — — Schwester — Clara!!

Maria (gleichfalls höchst überrascht, faßt sich aber rasch und sagt). Nicht mehr Clara — sondern Maria, die barmherzige Schwester, die für die Kranken ihres Klosters milde Gaben sammelt. (Kurze Pause. Beate zieht sich zurück.)

Ernestine. Bei Gott, Schwester, Dir auf diesem Wege, in diesem Kleide zu begegnen, habe ich nicht vermuthet. Ich glaube auch, daß nur die Unwissenheit, wer dieses

Haus bewohnt, Dein Hiersein erklären kann, sonst würdest Du Dich wohl gescheut haben hier einzutreten.

Maria (ihre Bewegung bekämpfend). Du hast recht, Schwester. Hätte ich geahnt, wen ich hier treffen sollte, ich hätte diese Schwelle nicht betreten, doch keineswegs aus Scheu, mich in diesem Gewande vor Dir zu zeigen. (Mit edler Würde.) Es ist das Kleid der Demuth und Entsagung, und ich trage es mit Stolz, denn für mich ist es ein Ehrenkleid vor Gott und allen guten Menschen. Aber ich hätte dies Haus aus dem Grunde vermieden, um nicht meine Schwester in dem schimmernden Prachtgewand der Sünde und Schande erblicken zu müssen.

Ernestine (aufbrausend.) Der Sünde und Schande? Ah, Du hast wohl g'hört, daß hier im Hause nicht Alles ist, wie es sollte und da krächzest Du auf's Neue Dein Unglückslied und kommst, Dich an meiner Bestürzung zu weiden. Aber sei dem wie ihm wolle, ich sage Dir, nimm Dich in Acht! Ich bin das ehrliche, durch Priesterhand dem Grafen angetraute Weib, mit diesem Ring an meinem Finger darf ich mein Haupt stolz vor aller Welt erheben und die Achtung des Höchsten und Niedrigsten beanspruchen — folglich auch die Deine!

Maria. Wie gerne nehme ich meine Worte zurück, wenn Alles ist, wie Du sagst. In welcher Kirche wurdest Du getraut, wie hieß der Priester, der Euern Bund segnete?

Ernestine (wendet sich betroffen ab und sagt nach kurzer Pause). Es war in keiner Kirche. Verhältnisse machten es nöthig, die Trauung in uns'rer Wohnung vorzunehmen; nach dem Namen des Priesters hab' ich nie geforscht.

Maria. Also eine heimliche Ehe! Schwester, Schwester, es ist nicht müssige Neugierde, die mich in Dich dringen läßt — zeige mir das Document, das Deine Trauung beglaubigt.

Ernestine (in steigender Bestürzung). Ich habe es nie gesehen, dachte auch niemals daran, darnach zu fragen.

Maria (schmerzlich). Und Du verdenkst mir den Argwohn, den ich gegen dieses ganze Possenspiel hege? Mögest Du nie eingesteh'n müssen, Ernestine, daß ich recht hatte, wenn ich an die Ehrenhaftigkeit Deines Grafen jetzt weniger als jemals glauben kann.

Ernestine (in fieberhafter Aufregung, gleichsam gegen sich selbst ankämpfend). Es ist zu viel, zu viel! Du wagst es, meinen Gatten in seinem eigenen Hause zu beschimpfen? Danke es dem Zufall, daß er eben abwesend ist, er würde der „Bettel=Nonne" verächtlich die Thür weisen.

Maria. Dies Recht stünde ihm jedenfalls zu und die „Bettel=Nonne" geht, um ein verlorenes Menschenleben weinend, tief betrübt von Deiner Schwelle. Doch Eines lasse ich hier zurück — das Wort „verächtlich"! Wie Du mit einem Eh'ring an Deinem Finger — der mich nicht über= zeugen kann — die Achtung der Menschen für Dich forderst, so begehre ich im Namen Gottes Deine Achtung für das Kleid, das ich trage, für den Orden, dem ich mich geweiht, und von dessen segensreichem Wirken Du doch keine Ahnung hast. Begleite mich in die Krankensäle unseres Klosters und beuge Dein flittergeschmücktes Haupt vor der Größe der Selbst= verleugnung, die Du da findest. Frage die Kranken, wer sie Tag und Nacht gepflegt, wie nur die zärtlichste Mutter ihr Kind warten kann, wer ihre Schmerzen gemildert, wer sie dem sichern Tode entrissen hat. Jeder wird stumm die Hand der ihn betreuenden Nonne ergreifen und die heißen Dankes= thränen, die aus seinem Auge auf dieselbe fällt, Dir mehr sagen, als tausend Lobeshymnen der beredt'sten Zungen. Und frage endlich die rauhen Soldaten, die in wilder Kriegs= zeit im Feldlazareth mit dem Tode ringen, wer sie treu und aufopfernd pflegte und sie werden Dir sagen, daß die barmherzigen Schwestern ihnen wie Engel des Himmels erscheinen, ihnen in entsetzlichen Stunden Trost und Hilfe zu bringen. Darum Achtung vor jenen schlichten Frauen, die ungenannt und unbeachtet, ja von den übermüthigen Welt= kindern nicht selten verspottet, still und anspruchslos durch's Leben geh'n, Achtung, Schwester, auch vor der Nonne, die an Deiner Thür für Deine kranken Menschenbrüder eine Gabe erbettelt!

Ernestine (nach kurzer Pause). Ich versage Dir diese Ach= tung nicht und hatte auch nicht die Absicht, Dir wehe zu thun. Uns're Lebenswege und Weltanschauungen aber werden sich nie vereinen.

Maria (innig). Vielleicht kommt doch, ehe Du es ahnst, die Stunde, in der Du erkennst, wie treu und aufrichtig ich es mit Dir meinte. That ich Dir, that ich dem Grafen unrecht, dann vergib! Und so leb' wohl und grüße meine — unsere Mutter! (Rasch ab.)

Ernestine (ihr unwillkürlich einige Schritte folgend). Schwester! — — Clara — —! (Sie bleibt stehen und drückt beide Hände vor die Stirne.) O, nur ein Blitzstrahl in diese Nacht, Klarheit, und wäre sie die entsetzlichste, in diese furchtbaren Zweifel!

Vierzehnte Scene.
Vorige. Johann.

Johann. Der Herr Graf, mit einem Fuße schon im Wagen, hat mir diesen Brief zur sofortigen Bestellung an die gnädige Gräfin übergeben. (Gibt Ernestine einen Brief und geht ab.)

Ernestine (das Schreiben fieberhaft erbrechend, liest mit allmälig brechender Stimme.) „Nimm diese Zeilen zum Abschied und bewahre sie als Andenken an Deinen unglücklichen Gatten. Mögen sie Dir sagen, was mein Mund nicht zu gestehen wagte, daß uns're Lage die bedrängteste und meine Hoffnung, von der Tante, die sich, seit sie von uns'rer Verbindung erfuhr, gänzlich von mir lossagte, Hilfe zu erlangen, eine mehr als illusorische ist. Trotzdem werde ich das Aeußerste versuchen; ist Alles vergebens, so bleibt mir kein anderer Ausweg, als in einem fernen, fremden Lande ein neues Leben zu beginnen. In den Kreis Jener, die mich in bessern Verhältnissen gekannt, kehre ich nie zurück, und es wird daher nur von Gott abhängen, ob und wann wir uns wiedersehen. Lebe wohl! Alfred." (Sie bleibt starr und regungslos stehen, das Schreiben entsinkt ihren Händen.)

Fünfzehnte Scene.
Vorige. A tempo öffnet sich die Mittelthür, ein Polizei-Commissär mit Detectives erscheinen an der Schwelle.

Commissär (nach rückwärts sprechend). Zwei Mann an die Thür, Jedermann herein, Niemand hinaus. (Auf Ernestine zugehend, die theilnahmslos um sich blickt.) Sind Sie die Herrin dieses Hauses?

Ernestine (mit klangloser Stimme). Ich bin — ich war es!

Commissär. Wo ist Graf Alfred Scherotinsky?

Ernestine. Auf dem Wege zum Bahnhofe — im Begriffe nach Krakau zu reisen. (Sie wankt und hält sich an der Lehne des Fauteuils.)

Commissär. Also doch! Diese rasche Flucht bestätigt die uns zugegangenen Mittheilungen. (Zu einem der Detectives.) Verfügen Sie sich sofort auf das Telegraphen-Bureau und veranlassen Sie die erforderlichen Maßnahmen. Sie (zu einem Andern) folgen mir in die Gemächer des Grafen, eine genaue Hausdurchsuchung vorzunehmen. (Zu Ernestine.) Bitte, lassen Sie die Zimmer öffnen.

Ernestine (sich wie aus einem Traume aufraffend). Mein Herr! Sie wollen in Abwesenheit Alfred's in seine Gemächer dringen, Sie führen hier eine Sprache, die mir das Blut zum Herzen treibt; was berechtigt Sie zu diesem Beginne?

Commissär. Das Gesetz!

Ernestine. Hat Alfred unerfüllte Verpflichtungen zurückgelassen, sind seine finanziellen Verhältnisse für den Augenblick zerrüttet, was veranlaßt Sie anzunehmen, daß nicht in Kürze Alles geordnet werden könne? Seine Reise hat einzig und allein den Zweck, die Hilfe seiner reichen Verwandten in Anspruch zu nehmen.

Commissär. So leid es mir thut, Ihnen Ihre Illusionen rauben zu müssen, zwingt mich doch die schwere Pflicht, Ihnen zu sagen, daß es sich hier nicht um bloße finanzielle Verlegenheiten, die außer dem Bereich meiner Intervention liegen würden, sondern um Fälschungen handelt, die ein ebenso rasches, als rücksichtsloses Einschreiten gebieterisch erheischen.

Ernestine (aufschreiend, dann wankend und das Gesicht verhüllend in den Fauteuil sinkend). Fälschungen?!! — — Alfred! — — O, mein Traum — — Clara — !

Commissär. Ich habe aufrichtiges Mitleid mit Ihnen und der unverstellte Schreck, der aus Ihnen spricht, überzeugt mich mehr, als es alle Worte vermöchten, daß Sie in voller Unkenntniß der Handlungsweise des Grafen waren und von einer Mitschuld Ihrerseits nicht die Rede sein kann. Ich werde mich dennoch begnügen, hier nur die nöthigsten Erhebungen vorzunehmen und das Haus, in dem ich leider eine Unglückliche zurücklassen muß, dann sofort verlassen. (Zu den zurückgebliebenen Detectives.) Folgen Sie mir! (Mit Verbeugung ab rechts, die Detectives folgen.)

Sechzehnte Scene.
Ernestine allein.

Ernestine (liegt eine Weile regungslos mit verhülltem Antlitz zusammengebrochen im Fauteuil, dann erhebt sie sich halb und sagt im Ausdrucke des tiefsten Schmerzes). Fälscher also — Fälscher — — und dann — — o, jetzt zweifle ich nicht mehr daran — auch Betrüger an mir und meinem heiligsten Gefühle! (Große Pause, dann sich ganz aufrichtend, energisch, mit verändertem Ton.) Fort mit den Thränen, sie sind hier nutzlos, nur ein rascher Entschluß kann mich aus diesem Elend erretten. (Sie eilt zum Tisch und wirft auf ein Blatt flüchtig einige Zeilen.) Dies für meine Mutter, wenn sie kommt. Unterdessen wird es mir gelingen, unbemerkt das Haus zu verlassen. Man soll die Geliebte des Fälschers nicht mehr finden. Die arme Betrogene entflieht auf dem einzigen Weg, den ihr das grausame Verhängniß noch offen gelassen hat. (Schaudernd, mit wildem Schmerz.) Ha, das sind die Dämonen meines Traumes, da der Abgrund, der sich vor mir öffnete und da — da umgellt mich wieder das grauenhafte Lachen, das Hohnlachen der Welt über meine Schande! — — Lacht nur, ihr bösen Feinde des Menschenglückes, lacht über die Leichtgläubigkeit, das Elend, die Erbärmlichkeit der Menschen, lacht — ich gehe den Weg zum Frieden — zum ewigen Frieden!! (Indem sie wankend der Thür links zuschreitet,)

Fällt rasch der Vorhang.

Dritter Act.

Behaglich eingerichtetes Zimmer in Lindner's Hause. Zwei Thüren in der Hinterwand. Rechts eine Seitenthür.

Erste Scene.

Lindner, gleich darauf Schwarzböck.

Lindner (kommt von rechts, geht zu der linken Mittelthür und ruft hinaus). Fanny, holen Sie die Reserl aus dem Kindergarten ab.

Schwarzböck (ein gemüthlicher, corpulenter, alter Herr, tritt durch die rechte Mittelthür ein). G'horsamer Diener, Herr Lindner! Sie entschuldigen schon, daß ich Sie da oben aufsuch', ich war in der Werkstatt, die G'sellen haben mich 'raufg'schickt.

Lindner (erfreut). Ah, Herr Schwarzböck, ein lieber, seltener Besuch. Ich bitt', nehmens Platz! Was verschafft mir das Vergnügen?

Schwarzböck (sich setzend). A G'schäft werden wir halt wieder miteinander machen, Herr Lindner! 's gibt verschiedene Reparaturen an mein' Haus — neue Dachrinnen und dergleichen, das heißt, wenn Sie die Arbeit übernehmen wollen.

Lindner. Aber natürlich, das versteht sich doch von selber; 's freut mich ja recht sehr, daß Sie zu mir kommen. Na und wie geht's denn sonst, Herr Schwarzböck?

Schwarzböck. I bitt' Ihnen, hörens auf, wie kann's denn einem drei Stock hohen Hausherrn heutzutag' geh'n. Meine dreiundzwanzig Parteien fressen mir ja 's Leben stockweis herunter. Nix wie Reparaturen möchtens haben, 's fehlt nur noch, daß sie mir auch ihre zerrissenen Stiefeln zum Repariren bringen. Wenn aber i mein' Zins haben will, muß ich immer erst a Partei nach der andern auspfänden lassen.

Lindner. Mein Gott, die Zeiten sind halt schlecht.

Schwarzböck. Ah, warum net gar. (Lacht.) Die Zeiten sein net schlecht, aber b'Leut' leben z'gut — das is die Wix. Na und wie geht's denn bei Ihnen, Herr Lindner? Noch immer Witwer?

Lindner. Ich mag halt meiner Reserl nicht die Erst-beste zur Stiefmutter geben. Die ich hätt' haben wollen, hat mich net mögen (seufzend) und a And're mag halt ich net. Darum bleib' ich lieber, wie ich bin — allein.

Schwarzböck. Habens recht, is eh g'scheidter! A Kind habens schon, jetzt kriegetens vielleicht noch ein' Schüppel dazu, und zweierlei Kinder thun selten gut

Lindner. O, dessentweg'n hätt' ich's schon noch riskirt. Ich hab' die Kinder sehr gern'; wenigstens weiß man, für wen man sich plagt und wer das Bissel kriegt, was man amal z'rucklaßt.

Schwarzböck. Hörens mir auf! Ich dank' unserm Herrgott alle Tag, daß ich kane Kinder und b'sonders kan' Sohn hab', dem drehet ich eh noch 's G'nack um.

Lindner. Aber wer wird denn so reden!

Schwarzböck (sich ereifernd). Ich red' so, weil ich am Sohn von mein' Schwager a abschreckendes Beispiel erlebt hab'. Der hat draußen in Rudolfsheim a schönes Haus g'habt, is sich sehr gut g'standen, mit ein' Wort, der Mann war seine dreimalhunderttausend Gulden schwer, wie er g'storben is. Dann hat aber sein einziger Sohn und Erbe, ein leichtfertiger, verzogener Bengel, den großer Herrn g'spielt, hat sich unter die nobeln Cavaliere g'mischt und die haben den Gimpel derartig g'rupft, daß in ein' halben Jahr nicht nur das ganze riesenhafte Gerstl, sondern auch 's Haus beim Teufel war.

Lindner (erstaunt). Das war freilich a theurer G'spaß.

Schwarzböck. D'rauf is das Früchtel eines Tags gar nimmer z'Haus kommen und flankirt seitdem Gott weiß wo herum. Sein die Eltern von so an' Schlingel net zu be-dauern?

Lindner. Gewiß! Aber net Alle sein so. Es gibt auch brave Kinder.

Schwarzböck. Ah ja, wenn man brave Kinder kriegt, das is a and'rer Kaffee! Aber kann man sich's denn anschaffen, wie man's haben möcht'? Oft wachst bei der besten Erziehung 's Unkraut in d'Höh'! (Steht auf.) Lassen wir das Capitel, 's heißt nix! — Also, Herr Lindner, besuchen Sie mich morgen und schauen's Ihnen die G'schicht' an, dann könnten's mir gleich a paar G'sellen schicken, daß ich wieder ein' Ruh' hab'.

Lindner. Ja, ja, Herr Schwarzböck, ich werd' Ihnen verläßliche Arbeiter schicken, Sie werden g'wiß z'frieden sein.

Schwarzböck. Weiß'! Sie sind a braver, reeller G'schäfts= mann, Herr Lindner, g'rad' wie ihr seliger Vater. Seh'ns, ein' solcher Sohn wie Sie, den ließ ich mir g'fallen, aber so a Nixnutz, so a miserabler, wie mein Herr Neffe — — und so sein heutzutag' die meisten. Aber wenn mir der Lack'l amal unter d'Händ' kommt — der Lump hat nachher nix z'lachen! (Schüttelt Lindner sehr heftig die Hand.) 'Beutelt wird er — !! — G'horsamer Diener! (Wendet sich zum Gehen.)

Lindner. Hab' die Ehre, Herr Schwarzböck!

Schwarzböck (durch die linke Mittelthür ab).

Lindner (begleitet ihn an die Thür, kommt zurück). Komischer Mensch, wegen seinen nichtsnutzigen Neffen hätt' er mir fast die Hand zerquetscht und hat ein' Haß auf alle Kinder! Von mir aus! Deswegen bleibt mir mein Reserl doch das Liebste auf der Erde!

Zweite Scene.

Voriger. Reserl, ein liebliches, blondgelocktes Mädchen von fünf Jahren, eine Schultasche in der Hand, kommt durch die linke Mittelthür.

Reserl (auf Lindner zueilend.) Grüß Gott, Vaterl!

Lindner (das Kind mit großer Zärtlichkeit umarmend und küssend). Auch so viel, mein Herzerl! Bist denn auch recht fleißig g'wesen im Kindergarten?

Reserl. Ei freilich, ich hab' das Lesezeichen für Dich fertig gestickt (stolz) und die Lehrerin hat gesagt, es wäre prächtig! (Nimmt es aus der Schultasche heraus und reicht es freudig Lindner.) Da schau'!

Lindner (bewundernd). Sapperlott, Du bist ja a kleine Künstlerin!

Reserl (umschlingt seinen Hals). Gefällt's Dir?

Lindner. Gewiß, Du bist mein gutes, fleißiges Reserl und machst mir viel Freuden.

Reserl. Gelt, Vaterl, das sagst Du auch der Tante Clara, wenn sie einmal kommt!

Lindner (wird plötzlich ernst und fährt sich mit der Hand über die Stirne.) Ja, ja, wenn sie einmal kommt, aber mir scheint, sie will nicht kommen.

Reserl. Sie will nicht? Warum denn nicht?

Lindner (traurig). Sie hat uns und ihr Versprechen wahrscheinlich vergessen (für sich), daß sie auf mich nimmer denkt, weiß ich ja eh'. (Reißt sich von seinen Gedanken los.) Aber ich muß jetzt in die Werkstatt' und Du geh' hinaus in die Kuchel zu der Fanny, sie wird Dir Dein' Jausen=Kaffee geben.

Reserl. Darf ich mir dann auch das neue Bilderbuch nehmen?

Lindner (sie voll Zärtlichkeit küssend). Freilich, mein Kind, aber gib acht, daß Du's net z'reißt! (Durch die rechte Mittelthür ab.)

Dritte Scene.

Reserl allein, gleich darauf **Schwester Maria**.

Reserl (nachrufend). Gewiß nicht, Vaterl, es kost' ja eine Menge Geld! (Die linke Mittelthür wird geöffnet und Maria tritt leise ein; sie bleibt an der Thür stehen und betrachtet das Kind mit Rührung und sichtbarem Interesse. Reserl fährt fort, ohne sie zu bemerken.) Verdien' ich's auch, daß mein Vaterl so gut mit mir ist? Gewiß! Ich will aber auch recht fleißig lernen, bis ich Alles so gut kann, wie die Lehrerin selbst. (Das Lesezeichen betrachtend, stolz.) Na, das hätt' gewiß auch sie nicht schöner sticken können. Ich will's dem Vater in das Buch legen, in dem er immer liest und auch alles Andere so gut machen, daß er recht oft zu mir sagen soll: „Du liebes, braves Reserl!"

Maria (einen Schritt vortretend, innig). Das walte Gott!

Reserl (sieht sich erstaunt um). Ah, eine Klosterfrau! (Eilt zu ihr und küßt ihr die Hand.)

Maria. Woher weißt Du, daß ich das bin?

Reserl. O, wie mich neulich die Fanny aus der Schule holte, sind uns zwei Frauen begegnet, die gerade so ausgeh'n haben wie Sie. Die Fanny sagte, das wären Klosterfrauen. Ich mußte ihnen die Hand küssen, da liebkosten sie mich und waren so gut und so freundlich, daß ich's nie vergessen werde.

Maria (bei dem Kinde niederknieend). Herziger, kleiner Engel! Wo hast Du Deine Mutter?

Reserl (betrübt). Ich hab' keine Mutter, liebe Klosterfrau. Sie ist schon gestorben, wie ich ganz — ganz klein war, noch viel kleiner als heute. Aber ich bet' alle Abend für sie und seh' sie dann immer im Traum'.

Maria (tief bewegt). Du gutes Kind! Und wer — wer lehrte Dich beten?

Reserl Ei, wer sonst als der Vater? Wir beten immer zusammen, eh' wir schlafen geh'n. Zuerst für Großpapa und Großmama, die schon lang' todt sind, hernach für die liebe Mutter und dann für die Tant' Clara!

Maria (in steigernder Erregung). Tante Clara? Wer ist das?

Reserl. Wer das ist? (Wichtig.) Tante Clara ist — ist — (ungeduldig) die Tante Clara! Der Vater erzählt oft von ihr, daß sie so gut und lieb sei und sie hat ihm versprochen, einmal herzukommen und nachzusehen, ob ich auch fleißig und brav bin. Aber die Tante Clara kommt nicht, und der Vater meint, sie hätte uns wohl längst vergessen.

Maria. Ich werde ihr sagen, was Du für ein fleißiges und braves Kind bist.

Reserl (freudig, die Hände faltend). Bitte, liebe Klosterfrau, bitte!

Maria. Auch darf ein so gutes Mädchen wie Du nicht leer ausgeh'n. Nimm dies zum Andenken.

Reserl (sehr freudig). Ah, ein Bild, ein schönes Bild! Das ist ja der heilige Schutzengel, wie er bei einem schlafenden Kinde wacht. O, nicht wahr, das Kind bin ich und das ist mein Schutzengel?

Maria. Gewiß! Bleibe nur gut und fromm, damit er nie von Dir weiche.

Reserl. Darf ich das Bild dem Vater zeigen?

Maria. Freilich! Und sage ihm, Tante Clara hat ihn nicht vergessen und betet für Euch wie Ihr für sie.

Reserl. O, das ist lieb, das ist gut von ihr. Richten Sie der Tant' Clara einen recht schönen Gruß von mir aus und sagen Sie ihr, ich laß' sie bitten, bald zu uns zu kommen.

Für das Bilderl, liebe Klosterfrau, danke ich bestens, und jetzt — (will ihr die Hand küssen, Maria drückt einen innigen Kuß auf ihre Lippen) jetzt laufe ich zum Vater. (Durch die rechte Mittelthür ab.)

Vierte Scene.
Maria allein.

Maria (blickt tief bewegt dem Kinde nach). So hat er mich also wirklich nicht vergessen! Seine Liebe zu mir wohnt noch in seiner Brust, sie lebt in seinem Kinde fort, sie wird in diesem Hause nie erlöschen. Guter, edler Mensch! Armer, beklagenswerther —! Arm? Er hat ein Kind, das er lieben darf, das ihn wieder liebt und ich — ich stehe allein auf dieser Erde. O, wie wird mir so warm und weich ums Herz und hier — Thränen — die ersten, die ich weine, seit ich aus dem Elternhaus geschieden bin. — (Ton wechselnd.) Clara, Clara, diese Thränen sind Sünde, diese Rührung ist Meineid! Dein Fühlen gehört der ganzen Menschheit, nicht Einem! Fort, fort aus diesem Hause! Adieu, kleines Engerl, adieu, du lieber, guter, treuer —! Des Himmels reichster Segen über Euch Beide! (Rasch durch die linke Mittelthür ab. Pause.)

Fünfte Scene.
Lindner, das Bild in der Rechten, an der linken Hand Reserl führend, eilt erregt durch die rechte Mittelthür herein.

Lindner. Wo ist die Klosterfrau, Reserl?

Reserl (sieht erstaunt umher). Ich weiß nicht — dort ist sie gestanden — und —

Lindner (außer sich). Mein Gott, sie is fort und einer Nonne kann ich doch net auf 'd Gassen nachlaufen! Unglückskind, warum hast mich denn net früher g'rufen? Diese Klosterfrau muß die Tante Clara kennen — das Bild kommt von ihr — von ihr! Richtig, da steht ja ihre liebe, zarte Schrift — ich hab' sie net vergessen — und da stehen die Worte: „Zum Andenken an Clara!" (Plötzlich von einem Gedanken erfaßt, Reserl bei der Hand ergreifend und vorführend.) Reserl, war die Klosterfrau jung und schön?

Reserl. Ja, Vaterl, und so gute, sanfte Augen hat sie g'habt!

Lindner (freudig). Gott im Himmel, wenn sie am Ende selbst — (plötzlich kleinlaut) aber a Klosterfrau — nein, nein, es is unmöglich! (Er läuft aufgeregt hin und her.)

Sechste Scene.

Vorige. Frau Schimmerl durch die linke Mittelthür.

Fr. Schimmerl (athemlos). Ah, Herr von Lindner, gut, daß ich Ihnen z'Haus triff'.

Lindner (ärgerlich, bei Seite). Die alte Tratschen kommt' mir in die Quer' just wie der Regen bei einer Landpartie. (Laut.) Kommens a andersmal, Frau Schimmerl, heut' hab' ich ka Zeit! (Will fort.)

Fr. Schimmerl (hält ihn). Ah, warum net gar! Ich hab' a brennhaße Neuigkeit für Ihnen; Sie, da werdens spitzen.

Lindner. Wenn ich Ihnen aber schon sag', ich muß fort! (Will fort.)

Fr. Schimmerl (wie oben). Und wann ich mit Ihnen raufen sollt', Herr Lindner, Sie müssen mich anhören; 's is was von die Binderischen.

Lindner (plötzlich voll Interesse). Was — von der Frau Binder und ihren Töchtern? (Führt rasch Reserl zur Seitenthür.) Reserl, geh' derweil da hinein ins Zimmer! (Reserl ab.)

Fr. Schimmerl (triumphirend). Aha! Mir scheint, jetzt wird er gleich Zeit haben. O, ich bin a Frau, die immer weiß, was sie red't!

Lindner (für sich). Vielleicht erfahr' ich was durch das lebendige Zeitungsblattl. (Laut, hastig.) Redens, was gibt's?

Fr. Schimmerl. In unf'rer Gassen weiß es schon a jed's Kind. Und Ihnen wird's g'wiß auch interessiren, Herr Lindner; Sie sein ja früher amal stark aus- und ein'gangen bei der Frau Binder, und daß Sie mit dem linken Aug' auf die Clara g'spitzt haben, das hat Unsereins ja auch g'wußt.

Lindner (ironisch). Ich weiß, daß Sie alles Mögliche und Unmögliche wissen, Sie g'scheidte, allwissende Frau von Schimmerl, aber wenn Ihre Vorred' noch lang' dauert, so geh' ich darweil hinaus — redens Ihnen inzwischen selber was vor. (Will wieder fort.)

Fr. Schimmerl (hält ihn wieder). Was hab'n's denn? Sie sein ja heut' das reine Quecksilber! Bleiben's doch da und hören's mich ruhig an! Das is Ihnen a Pracht und a Nobleß', da muß man schon „Sö" sagen! Ich bitt' um a Abschrift! — Zerplatzen hätt' ich mögen vor Neid — ich war nämlich heut' Vormittag dort.

Lindner (sehr ungeduldig). Dort? Wo?

Fr. Schimmerl. No, draußt in der Villa bei der Frau Binder. Die Alte sollten's jetzt seh'n, ich sag' Ihnen, die steigt daher — g'spreizt und steif, als ob's ein Kochlöffel g'schluckt hätt'. Denken's Ihnen nur, die Tinerl is richtig a Gräfin worden — a wirkliche, veritable, verheirate Gräfin! Was sagen Sie zu so 'was?

Lindner. Na, für sie is gut, mir aber egal. (Gespannt, mit erzwungener Ruhe.) Was is denn mit der Clara?

Fr. Schimmerl. Mit der Clara? — Ah, die is ja net dort, von der weiß ich nix!

Lindner (heftig) Was, von der wissen's nix und halten mich unnöthigerweis so lang auf? Ich empfehl' mich, Frau Schimmerl, unterhalten's Ihnen recht gut! (Will ab).

Fr. Schimmerl (will ihn wieder aufhalten). Aber Herr Lindner!

Siebente Scene.

Vorige. Frau Binder und Lisi treten à tempo durch die linke Mittelthür ein. Beide sehr niedergeschlagen.

Lindner (höchst überrascht). Was seh' ich, Frau Binder — Sie hier?

Fr. Schimmerl (schlägt die Hände zusammen). Und in dem Aufzug?

Fr. Binder (weinend.) Ja, ich bin's, mein lieber Herr Lindner.

Lisi (weint auch). Ja, mein lieber Herr Lindner, wir sein's.

Lindner. Ja, was is denn mit Ihnen? Is a Unglück g'scheh'n?

Fr. Binder. Mit uns is aus!

Lisi. Mit uns is Rest.

Fr. Binder. Wir sein ruinirt.

Lisi. Wir sein fertig.

Fr. Binder (heftig schluchzend). Fix und fertig bis auf's Haftelansetzen.

Fr. Schimmerl (spitz). Wo habens denn Ihner schönes Schleppkleid, Frau von Binder?

Fr. Binder. Ah, meine liebe Frau Schimmerl, mit uns'rer Schlepperei is' vorbei.

Lisi. Mir san so verschleppt, daß wir uns kaum selber b'erschleppen können.

Fr. Schimmerl. Aber wie ich heut' Vormittag bei Ihnen war —

Fr. Binder. Ah ja, da war noch Alles in der schönsten Ordnung, aber nachher — ui Jessas!

Lisi. O Gott, o Gott!

Lindner (ungeduldig). Aber so fassens Ihnen nur, Frau Binder! Nehmens Platz und redens — was is denn eigentlich? (Hat ihr einen Stuhl geboten.)

Fr. Binder (sich setzend und weinend erzählend). Na wissens, da is heut' der Graf 'kommen und hat mit der Tinerl a heimliche Unterredung g'habt. Ich hab' immer g'wart' und g'wart', daß sie mir sagt, was er eigentlich wollen hat. Wie's mir aber zu lang' 'dauert hat, bin ich hinüber'gangen in ihre Apartementer — und denkens Ihnen mein' Schrocken! Ich find's Zimmer leer — der Tinerl ihre schönen Sachen alle durcheinand' g'worfen — von ihr selber ka Spur!

Lisi. Sie is fort und Gott weiß wo!

Fr. Binder. Und auf dem Schreibtisch im Salon hab' ich den Zettel da g'funden. Ich bitt' Ihnen, Herr Lindner, lesens amal. (Reicht ihm das Blatt.)

Lindner (liest). „Lebe wohl, Mutter, Du trägst die größte Schuld an meinem Elend, an dem Schicksal, das mich in dieser Stunde ereilt hat — trage auch mein Leid. Mich siehst Du nie mehr wieder. Ernestine."

Fr. Binder. Ich sag' Ihnen, wie ich das g'lesen hab', is 's mir eiskalt über'n Buckel g'loffen. Es muß 'was Schreckliches g'scheh'n sein. Der Hausmeister hat erzählt, daß die Tinerl ganz verzweifelt fortg'stürzt is — am End' is net richtig mit ihr'n Mann, mit'n Grafen, weil auch a Commissär im Haus war mit mehreren Vertrauten. Wie i das g'hört hab', hab' i Ihnen auf amal a Riesenangst 'kriegt, hab' nur g'schwind mein alt's Kladl an'zogen und bin aus der schönen Villa auf und davon, als wann ich dort 'was g'stohlen hätt' — so g'rennt bin i!

Lisi. Ich alleweil hint' nach!

Fr. Binder. Und weil mir in meiner Verzweiflung gar nix G'scheidt's hat einfallen wollen, bin ich halt zu Ihnen 'kommen, Herr Lindner. Ich bitt' Ihnen um Gotteswillen, geb'n's mir aus alter Freundschaft ein' guten Rath, was soll ich thun? Wo soll ich die Tinerl suchen?

Lindner (sinnend). Ja, meine liebe Frau Binder, da is guter Rath theuer. Wenn man nur wüßt', was eigentlich g'scheh'n is, aber so bin ich ebenso rathlos wie Sie.

Fr. Schimmerl. Ich bin a Frau, die sonst immer weiß, was sie red't, aber da is auch mein Latein zu End'.

Lindner. Was is denn mit Ihrer andern Tochter, Frau Binder, mit der Klara?

Fr. Binder. Ah, die Klara hat's gar gut 'troffen — die is ins Kloster 'gangen.

Fr. Schimmerl. J Spektakel! Ins Kloster? Na, da hört sich aber Alles auf!

Lisi. Ja, denkens nur, heut' waren zwei barmherzige Schwestern bei uns, ich hab's draußen begegnet, und wie ich's näher anschau', erkenn' ich in der Einen die Fräulein Clara!

Lindner (für sich, mit tiefer Wehmuth). So war sie's also richtig selber! O mein Gott, mein Gott!

Achte Scene.
Vorige. Johann durch die linke Mittelthür.

Johann (athemlos). Ah, das is g'scheidt, daß ich Ihre Spur g'funden hab', Frau Binder, da sein's ja!

Fr. Binder und **Lisi** (hastig). Johann, wo kommen Sie her? Wo is der Graf?

Johann. Pfutsch!

Fr. Binder. Wie?

Johann. Pritsch!

Lisi und **Fr. Binder.** Was habens denn erfahren?

Johann. Durch'gangen is er — über Berg und Thal — abg'fahren — verschwunden!

Fr. Binder. Durch'gangen? Warum?

Johann. Das Warum wird offenbar, wann sie ihn wieder bringen, vor den Schranken des Gerichts.

Fr. Binder. Um Gotteswillen, hat er was ang'stellt?

Johann. Nix G'wisses weiß man überhaupt, also auch der Johann noch net. Aber was wird's denn viel sein? Schulden, Wechsel, a klane Fälschung!

Fr. Binder. Fälschung? Frau Schimmerl, haltens mi, mir wird übel!

Fr. Schimmerl. Das freut mi!

Fr. Binder (entrüstet). Was?

Fr. Schimmerl (geschmeidig). Daß i Ihnen halten darf — 's is mir a wahres Vergnügen, Ihnen helfen zu können.

Lindner (hat mit Johann gesprochen). Sie gehen zu weit, Johann! A Fälschung! Worauf gründen Sie diese Vermuthung!

Johann. Worauf? Auf den Commissär, der bei uns war, auf die Hausdurchsuchung und dann — (Großsprecherisch.) Ach, Du lieber Gott, i kenn' diese Herrn Cavaliers wie mich selber. I hab' so viel in meinem Leben mit Ihnen verkehrt —

Lisi (bissig). Als Bedienter?

Johann. Jetzt? Ja! Einst? Nein! Einst Spezi, Freund, Vertrauter —

Lindner. Vertrauter?

Fr. Schimmerl. Spezi?

Lisi. Sö? Mir scheint, der is überg'schnappt.

Johann. Ich hab's Ihnen oft genug andeut', Mamsell' Lisi, daß die Bedienten-Livrée bei mir nur die elendigliche Hülsen is, in der ein edler Kern steckt. Ja, ja, schauens nur, Sie werden staunen, wenn Sie mein mehr als grausames Schicksal erfahren.

Fr. Schimmerl (begierig). Dös gibt a G'schicht' für'n Grund — erzählens, Johann!

Lisi. Ach ja, Johann, erzählens!

Johann. Also, Silentium, ich will mein Incognito lupfen. Meine Eltern waren die reichsten Leut' von einer großen Wiener Vorstadt, aber sie haben mich viel zu gern' g'habt und mir Alles angeh'n lassen. So bin ich aufg'wachsen, net wie ich hätt' sollen, sondern wie ich hab' wollen, und gerade an mein' vierundzwanzigsten Geburtstag is mein Vater g'storben. Da war ich wohl schon majorenn —

o ja, aber dumm wie a Blunzen, eitel und eingebildet wie ein Aff', und leichtsinnig wie ein großer Künstler, Geld hab' ich g'habt wie Mist und ein' Aufwand hab' ich g'macht wie ein ungarischer Magnat. So bin ich auf amal unter a Bandel sogenannter großer Cavaliere g'rathen, die haben mich in ihre Spielhöhlen mit hinein'zogen und mir in a paar Nächten mein' ganze väterliche Erbschaft bei Putz und Stingel im Hazardspiel abg'wonnen.

Alle (staunend). Ah, hörens auf!

Lindner (für sich). Ah, das is net schlecht! Da fehlt jetzt nur noch der Onkel Schwarzböck!

Johann. Wie Alles pfutsch war, hab' ich mich nimmer z'Haus 'traut. Z'erst hab' ich a End' mit mir machen und mir a Kugel durch mein' dummen Plutzer jagen wollen. Aber der Lärm, den das macht, hat mich abg'schreckt, und wie ich eines Abends an der Donau steh', mich über die Gelsen gift' und g'rad' d'rüber nachdenk', ob man net ein' Schnupfen riskirt, wenn man sich dort hinunterstürzt, steht der Graf, mein jetziger, oder richtiger g'sagt, mein verflossener Herr hinter mir und zupft mich beim Frackschössel. Er hat Mitleid mit mir g'habt und mir den Antrag g'macht, bei ihm zu bleiben. Kühl war's, ka Winterg'wand — hungrig war ich auch und der letzte Netsch war hin — und so bin ich denn mit philosophischer Resignation in diese Schäler g'schlüpft, und seitdem (schwer aufathmend), seitdem bin ich Bedienter!

Fr. Schimmerl. Ah Spektakel!

Lindner. Na, so 'was!

Lisi. Das lebt nimmer!

Johann. Ich bin aber jetzt doch noch immer besser d'ran wie der Herr Graf; ich war nur a Narr, der is aber schlecht!

Fr. Binder. Solche G'schichten kommen also bei die Herren Cavaliers vor? O, ich könnt' in die Erd' sinken.

Fr. Schimmerl. Seh'ns, Madam Binder! Das kommt davon, wenn a Mutter mit ein' Madel zu hoch hinaus will. Na, ich hab's Ihnen damals gleich g'sagt, daß die G'schicht' ka gut's End' nehmen wird.

Fr. Binder (ärgerlich). Hören nur Sie mir auf! Sie reden da, wie's Ihnen g'rad' paßt. Jetzt, weil der Wind von wo anders blast, stecken Sie g'schwind 's Wetterfahnl um, Sie sein mir die Wahre!

Fr. Schimmerl (beleidigt). Erlauben Sie mir, ich bin a Frau, die immer weiß, was Sie red't!

Fr. Binder. O, Sie wissen gar viel! (Lamentirend.) Aber ich wollt' ja schon zu Allem nix sagen; wenn ich nur wüßt', wo ich die Tinerl suchen soll.

Lindner (rasch). Vor Allem muß die Polizei von ihrem Verschwinden in Kenntniß gesetzt werden.

Johann (auffahrend). Jessas, richtig! Da plausch' i und plausch' i immer von mir und vergiß ganz auf d'Hauptsach'! O, die Frau Gräfin werden wir bald wieder haben.

Fr. Binder (freudig). Is wahr, Herr Johann, Sie wollen uns helfen die Tinerl suchen?

Johann (ganz elektrisirt). Alle Detectivs und Sicherheitswachmänner von ganz Wien mach' ich mobil, alle Pudeln wer'n abg'richt': „Such's Frauerl!" A jedes Frauenzimmer muß an'packt und controlirt werden, wir werden schon die Rechte erwischen. Ich muß mich ja doch um meine Herrschaft umschau'n — den Herrn Grafen lieferns von amtswegen, und die Frau Gräfin liefer' ich dorthin, wohin sie gehört, in die Arme ihrer Mutter! Also vorwärts, Landsturm — Letztes Aufgebot — Marsch! (Während sich Alle zum Gehen wenden, Johann voran.)

Fällt der Zwischenvorhang.

Verwandlung.

Breite Straße. Rechts im Hintergrunde sieht man den Ecktheil eines düstern Klostergebäudes mit einem schwarzen Kreuz über dem Thore. Links zwei Gassenöffnungen, eine an der zweiten Coulisse, die andere im Hintergrunde. Es ist Abenddämmerung. Die Fenster des Klosters werden nach und nach matt beleuchtet.

Erste Scene.

Maria und **Beate** kommen aus der Gasse links vorne.

Maria. Der Abend bricht herein, Schwester Beate, wir haben uns heute etwas verspätet.

Beate. Es war aber auch ein ereignißreicher Tag, der in Dir, arme Schwester, gar traurige Erinnerungen wachgerufen hat.

Maria. Gottlob, das ist vorüber, ich glaube, ich werde heute ruhiger als schon lange schlafen. (Sie sind inzwischen bei der Klosterpforte angelangt, Beate zieht einen Schlüssel hervor, öffnet, und Beide verschwinden durch die Pforte, die sich hinter ihnen wieder schließt.)

Zweite Scene.

Schwarzböck und Brandtner kommen von rechts.

Schwarzböck (etwas schwerfällig). Was wahr is, is wahr! Der Wein bei der „gold'nen Flasche" is schon 's Höchste. wanns nur net so weit wär' von da bis zu mir z'Haus.

Brandtner. Geh', red' net so fad, Freunderl, wir unterhalten uns immer prächtig, was liegt denn an dem bisserl Weg'. Nimmst Dir halt jetzt ein' Comfortabel, der führt Dich, wann's sein muß, bis ins Bett.

Schwarzböck. Du hast leicht reden, Spezi, Du bist gleich z'Haus, ich sieh da aber nirgends ein' Wagen und der Malefiz=Wein hat mir den Kopf und die Füß' schwer g'macht.

Brandtner. Da geh' ich halt noch a Stückel mit und führ' Dich, bis uns vielleicht — es is ja erst achte — doch noch a versprengter Comfortabel entgegenkommt. (Will seinen Arm nehmen.)

Schwarzböck (gibt ihm lachend einen Stoß). Gehst denn nit weiter! Glaubst eppa, ich könnt' nimmer geh'n? — Hoho — ich steh' noch so fest wie mein dreistöckig's Haus — dös wackelt net und ich a net!

Brandtner (lacht). So ist's, Freunderl! Na, so schau' halt, daß D' gut z'Haus kommst. Gute Nacht! (Geht mit etwas unsichern Schritten, doch keineswegs taumelnd, links hinten ab.)

Schwarzböck. Gute Nacht, alter Spezi! (Betrachtet lächelnd die beiden Gassen links.) Meiner Seel', jetzt weiß ich net, geh' ich durch die Gassen oder durch die? Die alte Wiener Schlamperei, daß an den Ecken net aufg'schrieben steht, wo man z'geh'n hat! 's Gas brennt a noch net, weil Mondschein im Kalender steht, denn da zündens erst an, wann a halb Dutzend mit ang'rennte Köpf ins Krankenhaus 'bracht wor'n sein — nur sparen — nur sparen! (Er ist inzwischen bis zu der Gassenecke links vorne gekommen).

Dritte Scene.

Voriger. Johann kommt rasch um dieselbe Ecke, so daß er stark mit Schwarzböck zusammenstößt.

Schwarzböck (taumelt zurück und faßt aufschreiend nach seiner Nase). Himmelsapperment, da haben wir's! Auweh, mein' Nasen!

Johann. Na, Sie Herr, Sie! Mir scheint, Ihnen is die breite Straßen a noch z'eng! Lassens amal schau'n — is die Nasen hin? (Tritt ihm ganz nahe und sieht ihm ins Gesicht.)

Schwarzböck (zornig). Halt Er Sein Maul, unverschämter Livrée-Bengel! (Faßt plötzlich Johanns Hand und starrt ihn überrascht an.) Ja, was is denn das? Mensch, bist Du's oder bist Du's net?

Johann (dreht rasch in großer Verlegenheit den Kopf weg, für sich). O verflucht, mein Vetter Schwarzböck! So lang' bin ich ihm glücklich ausg'wichen und jetzt muß ich g'rad' an sein' Nasen anrennen.

Schwarzböck (packt ihn an der Brust). Kerl, ich hab' Dich g'fragt, ob Du's bist oder ob Du's net bist?

Johann. Aber net a Spur von mir, lieber Vetter! Ich schau nur auswendig Ihrem liederlichen Neffen gleich, ich bin aber wer Anderer — ganz wer Anderer!

Schwarzböck. Malefiz-Lack'l Du, nichtsnutziger! (Schüttelt ihn.) Wo treibst Du Dich denn 'rum — ha?

Johann. Lassens mich nur aus, Vetter, ich komm' morgen zu Ihnen, und da sollen Sie Ihre Wunder hören. Jetzt hab' ich ka Zeit!

Schwarzböck. Aber ich hab' Zeit und statt dem blauen Dunst, den Du mir morgen vormachen willst, wirst Du mir jetzt auf der Stell' Deine Sünden beichten, oder ich bin im Stand' und führ' Dich auf die Polizei.

Johann (bemüht, sich loszumachen). Aber Vetter!

(A tempo hört man in der Gasse links im Hintergrunde dumpfen Lärm, verworrene Stimmen und Hilferufe.)

Die Beiden (lassen einander los und sehen sich um). Oho, was ist denn dort los?

Johann (eilt nach hinten). Am Donau-Ufer is a Menschenauflauf, 's muß wer ins Wasser g'fallen sein. (Eilt hin.)

Schwarzböck (sieht ihm erschrocken nach). Wie kann man denn nur ins Wasser fallen, jetzt, um die Zeit? So a Unvorsichtigkeit! Muß denn alle Tag a Unglück g'scheh'n? Wanns doch amal die Donau reguliren thäten, daß ka Mensch mehr 'neinfallen kann. (Fährt sich über die Stirne.) Ich weiß net, das hat mich jetzt auf amal nüchtern g'macht, daß ich ordentlich wieder durstig bin!

Vierte Scene.

Voriger. Ein **Lehrjunge** kommt aus der Gasse links gelaufen.

Schwarzböck (fängt ihn auf). He, Du Bub,' hörst? Was is denn dort g'scheh'n?

Lehrjunge. A Frau is auf der Donau abag'schwommen kumma, g'rad' haben sie's außag'fischt.

Schwarzböck (theilnahmsvoll). Is sie todt?

Lehrjunge Ob sie ganz todt is, weiß ma net, jetzt thut sie wenigstens so, als ob sie todt wär'.

Schwarzböck (eifrig). Schnell, renn' hin und sag', sie sollens daher schaffen ins Kloster zu die barmherzigen Schwestern, vielleicht is sie noch zu retten.

Lehrjunge. Sie bringens ja eh' daher, schauens nur hin! Das is andern Leuten schon eh'nder eing'fallen wie Ihnen, Sie g'scheidter Herr, Sie! (Rennt fort nach rechts.)

Schwarzböck. Verdammte Lehrbub'n-Brut! Richtig bringen sie's schon. Da muß ich g'schwind anläuten, daß's derweil aufmachen. (Er ist ans Klosterthor geeilt und zieht heftig an dem Glockenzug. Im Innern des Klosters hört man starkes Läuten, das Guckfensterchen in der Thür wird geöffnet, man erblickt das Gesicht einer Nonne.) Ich bitt', fromme Schwester, machens g'schwind auf! A Verunglückte! (Das Gesicht der Nonne verschwindet, das Fensterchen schließt sich. Dumpfe Musik.)

Fünfte Scene.

Die Klosterpforte öffnet sich. **Maria** erscheint an derselben. Man kann tief in das Vorhaus des Klosters hineinblicken. **Nonnen** stehen zu beiden Seiten, einige mit brennenden Lichtern, andere zur Hilfeleistung bereit.

Maria. Eine Verunglückte? Wo ist sie?

Schwarzböck. Da bringen sie's eben. (Aus der Gasse links eilen eine Menge Leute aus dem Bürgerstande, Männer, Weiber und

Kinder auf die Bühne, sich neugierig um eine Tragbahre drängend, die von zwei Männern der Freiwilligen Rettungsgesellschaft getragen und an dem Thore des Klosters niedergestellt wird. Auf derselben liegt **Ernestine** im einfachen, dunkeln Kleide, mit aufgelöstem Haar und todtenbleichem Antlitz.)

Maria (zu den Nonnen). Rasch zur Hilfe! Hoffentlich ist sie noch zu retten. Leuchtet, Schwestern! (Zwei Nonnen treten mit Fackeln vor, Maria erkennt Ernestine und sinkt mit dem Aufschrei) Allgerechter Gott — Ernestine!! (an der Bahre nieder.)

Johann (ist inzwischen verstört und bestürzt nach dem Vordergrunde links gekommen und sagt tief ergriffen für sich, indem er nach dem Kloster blickt). Sie ist's! Arme Tinerl! Jetzt kann ich freilich mein Wort nicht einlösen, denn so darf ich sie ihrer Mutter net nach Haus bringen.

Maria (richtet sich auf, unverwandt nach Ernestine blickend). Ewige Vorsicht, was ist hier geschehen? Noch vor wenigen Stunden so stolz und selbstbewußt und jetzt bleich und regungslos zu meinen Füßen. Todt? Todt? Nein, so schwer kann der Himmel nicht strafen. Du hast mich von Dir gewiesen, Ernestine, als Du im trügerischen Glanz und Reichthum schwelgtest, aber rascher, als ich's selber ahnen konnte, ist das Elend hereingebrochen über Dich, und die Schwester, die Dich liebt, treu und unwandelbar wie immer, breitet die Arme aus, Dich auf's Neue aufzunehmen — so Gott will — für immerdar an ihrem Herzen! (Indem sich die Nonnen um sie drängen und eine passende Gruppe bilden,)

Fällt langsam der Vorhang.

Vierter Act.

Im Kloster. Kurze, halbgeschlossene, gewölbte Halle. Rechts zwischen zwei Pfeilern eine Thür, darüber ein Kreuz. Durch den offenen Theil des Hintergrundes blickt man in einen tiefen, perspectivisch verlaufenden Säulengang, in welchem man von Zeit zu Zeit einzelne Nonnen geschäftig hin- und herrennen sieht. Rechts vorne an der Wand eine Steinbank.

Erste Scene.

Beate links vorne, Maria steht rechts an der halbgeöffneten Seitenthür.

Maria (mit gedämpfter Stimme). Noch immer schläft sie fest und ruhig. Der furchtbaren Aufregung folgte gänzliche Ermattung und ein fast todähnlicher Schlaf, dessen Wirkung jedenfalls eine wohlthuende sein wird.

Beate. Die Aermste, wer hätte das gedacht? Leider waren Deine Ahnungen prophetisch.

Maria. O, wie danke ich's der Frau Oberin, daß sie mir erlaubt hat, sie hier in meiner eigenen Zelle behalten und pflegen zu dürfen; ich fürchtete so sehr, der Anblick der andern Kranken im großen Saal, wohin man sie anfangs bringen wollte, würde sie bei ihrem Erwachen auf's Peinlichste berühren.

Beate (leise). Still, mir ist's, als rührte es sich drin.

Maria (eilt an die Thür, vorsichtig hineinsehend, leise, freudig). Ja, sie ist erwacht! Sie hat sich im Bette aufgesetzt, sinnend legt sie die Hände an die Stirn und blickt erstaunt um sich. Ihr Auge hat nicht mehr den theilnahmslosen, starren Ausdruck — es wird ohne böse Folgen für ihre Gesundheit vorübergeh'n — sie wird ihre klare Besinnung wieder erlangen.

Beate. Sieh' nur, sie erhebt sich!

Maria. Laß' mich allein, Schwester Beate; ich will beobachten, was sie beginnt.

Beate (reicht ihr stumm die Hand und geht durch den Säulengang ab).

Maria (tritt nach links in den Hintergrund hinter einen Pfeiler, die Augen auf die Seitenthür gerichtet).

Zweite Scene.

Maria verborgen. Nach einer Pause wird die Seitenthür ganz geöffnet und **Ernestine** tritt langsam heraus. Sie trägt ein ganz einfaches, weißes Nachtgewand, ihr Haar ist aufgelöst, ihr Antlitz bleich. Sie tritt einige Schritte vor, dann preßt sie die rechte Hand an die Stirn, während sie mit der Linken das Haar in den Nacken zurückstreift und erstaunt umherblickt.

Ernestine (langsam vor sich hinsprechend). Wo bin ich nur? Was ist mit mir geschehen? Wie komme ich in diese fremden, düstern Räume — in dieses Gewand? Mein Kopf ist so wüst — und wie Blei liegt es in meinen Gliedern. (Aengstlich.) Wo bin ich hier nur?

Maria (vortretend und ihr die Arme entgegenstreckend, mit tiefbewegter, liebevoller Stimme). Bei mir, Ernestine, bei Deiner Schwester im Kloster!

Ernestine (starrt sie einen Moment höchst überrascht an, dann fährt sie sich mit beiden Händen nach dem Kopfe und schreit dumpf auf). O, Clara, mein Traum! Nun kehrt mir die Besinnung wieder, nun weiß ich Alles, was mit mir vorging. Weh', weh' mir! (Schlägt die Hände vor's Antlitz.)

Maria (wie oben). Ernestine — Schwester!

Ernestine. O, warum hat mich die Donau nicht behalten in ihrem kalten, nassen Grunde! Tückische Wellen, warum habt ihr mich wieder zurückgeschleudert in dies elende, erbärmliche Leben?! (Sinkt schluchzend auf der Bank zusammen.)

Maria (näher tretend, sanft). Warum frevelst Du noch, Ernestine, statt dem Himmel zu danken, daß Du gerettet wurdest und vor der schweren Sünde des Selbstmordes bewahrt bliebst?

Ernestine (bitter, fast heftig). Mein Selbstmord wäre keine Sünde gewesen, ich wollte ja nur einem Leben entfliehen, das mir nichts mehr bieten kann als Qual und Schande! Dir steht kein Urtheil zu über das, was ich gethan, Du weißt ja nicht, welch' bittere, grausame Enttäuschungen ich erleben mußte!

Maria (mit tiefer Theilnahme). Ich weiß — — ich ahne Alles, arme Schwester!

Ernestine (läßt den Kopf auf die Brust sinken). Du weißt — von wem?

Maria. Von der Mutter.

Ernestine. Uns're Mutter? Wo ist sie?

Maria. Sie hat die ganze Nacht mit mir an Deinem Bette zugebracht. Erst als das Fieber einem ruhigen, festen Schlafe wich, ging auch die alte, müdgeweinte Frau, um in der Fremdenzelle des Klosters sich eine Stunde der Ruhe und Erholung zu gönnen.

Ernestine (zwischen innerem Groll und bitterem Schmerz). Nun wirst Du wohl zufrieden sein, Schwester, daß Du Recht behalten hast, daß es endlich doch so mit mir gekommen ist, wie Du es immer vorhersagtest, daß ich die Zahl der Unglücklichen vermehren würde, deren Weg in den Fluthen der Donau endet! (Immer erregter.) Ja, in der Donau sollte mein Lebensweg sein Ende finden, doch mein trostloses Geschick entriß mich dem sichern Arm des Todes und warf die Ohnmächtige zu Deinen Füßen nieder, damit Du Dich an meinem Jammer weiden kannst. (Außer sich.) So triumphire denn, hohnlache über die arme Bethörte, über die Betrogene, die an das heiligste Gefühl eines Menschenherzens glaubte! (Schluchzt.)

Maria (nach kurzer Pause mit schmerzlichem Ernst und steigerndem Gefühl). O, wie niedrig, wie klein und unwürdig denkst Du doch von mir, Ernestine! Sprach je aus meinem Munde etwas anderes, als die reinste, innigste Schwesterliebe, die zärtlichste Besorgniß um Dein Glück? Und was spricht jetzt zu Dir aus dem Beben meiner Stimme, aus meinen Thränen?! Es ist wieder nur die Liebe, das tiefste Mitgefühl mit Deinem Unglück! Du aber stehst grollend von mir abgewendet heute hier, wie gestern in der stolzen Grafen=Villa — und doch bist Du heute eine Andere, als Du gestern warst. Sieh', ich wählte freiwillig das Loos der Armuth, Dir aber hat das Geschick nicht nur den Reichthum, sondern auch den Glauben an die Menschen und das Vertrauen auf Gott geraubt und Dich so zur Aermsten aller Armen gemacht. Jetzt darf ich mich mit vollem Rechte an Deine Seite stellen, jetzt bist Du da, wo meine Pflicht als Schwester, als Nonne beginnt. (Die Hände faltend, mit innigstem Ausdruck.) O, laß' mich diese große, heilige Pflicht erfüllen! Ersticke den ungerechten Groll gegen mich — komm' an meine Brust! Laß' mich mit den göttlichen Worten der Liebe Dein krankes Herz, Dein verbittertes Gemüth heilen und in Deine sturmbewegte Seele wird der Friede einzieh'n; Du wirst an Deinem Kreuze Rosen blühen sehen, und aus den Dornen, auf welchen Du jetzt mit wunden Füßen stehst, wird Dir eine Himmelsblume sprießen — die Blume der Gottergebung und eines stillen, bescheidenen Glückes, wie Du es früher nicht gekannt! Ernestine — Schwester — komm' in meine Arme!

Ernestine (bricht in Thränen aus, wendet sich nach Maria um will auf sie zu, bricht aber, krampfhaft aufschluchzend, zu Boden).

Maria (fängt sie auf, hebt sie empor, legt sie sich ans Herz und sagt nach einer Pause, indem sie mit der Rechten kosend ihr Haupt streichelt). Ernestine, fühlst Du nicht, daß diese Stelle, die Du so lange verschmäht hast, Dir doch von Natur schon als Zufluchtsstätte angewiesen ward? Fühlst Du nicht in dem Pochen uns'rer jetzt so tief bewegt aneinander schlagenden Herzen, daß die Bande des Blutes doch unzerreißbarer sind, als Du geglaubt?

Ernestine (ausbrechend). Clara, Du großes, edles, goldenes Herz! Für alle die harten, kränkenden Worte, die ich Dir stets gegeben, hast Du für mich nur Liebe und immer wieder Liebe! O vergib, vergib! Sieh, ich bin so unglücklich, so namenlos elend geworden, krank an Leib und Seele, vernichtet und zerstört für's ganze Leben!

Maria. Nicht doch, Schwester! Du wirst wieder gesunden, wenn Du mit neubelebter Hoffnung in die Zukunft blickst und nicht muthlos verzagst! (Aus dem Innern des Klosters erschallt gedämpft und feierlich ein Choralgesang der Nonnen mit Orgelbegleitung. Zugleich erscheint im Säulengange Frau Binder, die langsam vorkommt und mit freudiger Rührung auf die Schwestern blickt.) Hörst Du den Chorgesang der Schwestern aus der Klosterkirche? Mit diesen Tönen, mit dem heiligen Klang der Orgel laß' Deinen Geist sich zu demjenigen erheben, der Dich nicht in der Verzweiflung zu Grunde gehen ließ und der Dein trauriges Geschick noch in dieser Stunde zum Guten wenden kann.

Fr. Binder (tief bewegt). Amen!

Dritte Scene.
Vorige. Frau Binder.

Ernestine (sich nach ihr umsehend). Mutter!

Fr. Binder (die sehr ernst, bleich und verweint aussieht, näher tretend). Mein' Tinerl, wie geht's Dir denn, wie fühlst Dich denn jetzt?

Ernestine (ihren Kopf an Mariens Brust lehnend). Viel besser, Mutter, mir ist's mit einem Mal so leicht, so wohl geworden!

Fr. Binder (gerührt lächelnd). Du bist halt auch jetzt beim rechten Doctor! Ja, ja, Tinerl, die Clara is viel besser, als wir alle Zwei miteinander.

Vierte Scene.
Vorige. Beate durch den Säulengang.

Beate. Schwester Maria, es sind Leute draußen, die sich nach dem Befinden Deiner Schwester erkundigen wollen. Auch sagen sie, daß sie wichtige Nachrichten bringen. Der Eine nannte seinen Namen: Leopold Lindner.

Maria und **Fr. Binder.** Lindner?

Maria. Lasse sie eintreten, Schwester Beate. (Beate ab.)

Fr. Binder. Der Lindner, der gute Mensch! Er war gestern auch ganz außer sich, wie er g'hört hat, was g'scheh'n is. Er nimmt sehr viel Antheil an uns Allen. (Sie tritt zu Ernestine, die sich verlegen nach rechts in den Hintergrund gezogen hat.)

Fünfte Scene.
Vorige. Lindner, Johann und Lisi kommen durch den Säulengang.

Lindner (rasch vorkommend). Entschuldigen Sie, fromme Schwester, wo finden wir — (Starrt Maria an, die ihn ruhig lächelnd ansieht.) Mein Gott, seh' ich recht — Sie — Sie sind's, Clara?

Lisi (zu Lindner leise). Sie hab'ns ja nit glauben wollen, jetzt seh'ns, daß ich recht g'habt hab'.

Maria (reicht ihm die Hand). Herr Lindner, es ist die barmherzige Schwester Maria, die Sie in diesen Räumen begrüßt und Ihnen zugleich die freudige Versicherung gibt, daß uns're liebe Patientin sich ganz außer Gefahr befindet. (Deutet auf Ernestine.)

Lindner, Johann und **Lisi.** Na, Gott sei Dank!

Lindner. Da wird sich der Herr Graf ja herzlich freuen!

Ernestine, Maria und **Fr. Binder** (gespannt aufhorchend). Der Graf?

(Der folgende Dialog sehr rasch.)

Lindner. Jawohl! Das ist eine Ueberraschung, an die sich Keins von uns hat z'denken 'traut, nit wahr?

Johann. Passens auf, was jetzt kommt!

Lisi (eifrig). Die Frau Gräfin-Tochter wurden deckenhoch springen — wann's schicklich wär'.

Johann. Und die Gräfin-Mutter falleten in b'Fraiß' vor Freud'!

Ernestine und **Fr. Binder.** Was gibt es denn? Sprechen Sie, sprechen Sie doch endlich!

Johann. Bin schon dabei: Wir rennen nämlich seit gestern auf d'Nacht von Pontius zu Pilatus.

Lindner. Ich immer voran!

Johann. Ich hinterdrein!

Lisi. Und ich alleweil nach!

Lindner. Heut' in aller Fruh waren wir schon wieder auf'n Füßen und haben g'sucht und g'fragt —

Johann. Die Polizei g'stürmt —

Lisi. Ich hab' alle Wachmänner examinirt —

Lindner. Endlich haben wir Alles erfahren. Wir haben den Herrn Grafen g'seh'n und g'sprochen.

Johann. Er is unschuldig —

Lisi. Wie a Osterlamperl!

Fr. Binder und **Ernestine.** Unschuldig?

Ernestine (zwischen Freude und Zweifel). Aber man hat ja nach ihm gesucht — ihn verhaften wollen — —

Lindner. Die Polizei war irregeführt!

Johann. Es war ein Mißverständniß.

Lisi. Die Polizei is halt auch nur a schwacher Mensch, und die Unfehlbarkeit is doch nur ein leerer Wahn!

Lindner. Die ganze Verwirrung hat sich in a paar Stunden auf'klärt g'habt. Ja, 's is ganz richtig, der Herr Graf is ruinirt und die Angst vor der ungewohnten Noth und Demüthigung hat ihm die Idee eing'jagt zu entfliehen. Aber kaum hat sich der Zug mit ihm in Bewegung g'setzt, kaum hat er sich von seiner Frau getrennt g'fühlt, so ist's ihm auch schon klar word'n, wie schwach, wie gewissenlos er hat handeln wollen. Auf der nächsten Station schon springt er ab, will sich a Retourkarten kaufen und wieder z'ruckfahren — weil ihm aber schon von der hiesigen Polizei nachtelegraphirt worden is, so habens ihn dort gleich hopp g'nommen und nach Wien hereintransportirt.

Lisi. Denkens, so 'was! So a Blamage für so ein' Herrn!

Ernestine (in fieberhafter Spannung). Weiter, weiter!

Lindner. Auf'n Commissariat hat sich's aber bald 'rausg'stellt, daß ihm eigentlich keine schlechte Handlung zur Last fallt und nur der Baron Hugo die Schuld an dem ganzen Palawatsch g'wesen is.

Ernestine, Maria und **Fr. Binder** (überrascht.) Baron Hugo?

Lisi. Sein bester Freund, dös saubere Wuxerl!

Johann. Ich hab' dem Menschen nie 'traut, ich hab's immer g'sagt, der g'hört unter Paragraph Eins, der Kerl is schlecht!

Lindner. Ganz recht! Der Graf hat ihm vertraut wie einem Bruder und der schlechte Kerl hat auf'n Grafen seinem Namen betrügerische Schulden g'macht, Wechsel g'fälscht und verschied'ne and're Schwindeleien, aber so raffinirt ausg'führt, daß die ganze Verantwortung beim ersten Blick den Herrn Grafen hat treffen müssen.

Ernestine. O mein Gott!

Fr. Binder. Da kann man sehen!

Lisi. Geltens! So a Freund — pfui Teufel!

Lindner. Der Graf hat aber das Netz, das man über sein' Kopf hat z'samm'ziehen wollen, mit ein' kräftigen Ruck z'rissen und is, nachdem der Baron, den sie sofort festg'nommen haben, gleich Alles eing'standen hat, heut' in der Früh wieder freig'lassen worden.

Ernestine. Und wo ist Alfred? Warum kommt er nicht zu mir?

Lindner. Er wird gleich da sein, er besorgt nur noch einen sehr wichtigen Gang.

Lisi. Ja, denkens nur, was sich in uns'rer Gassen für a G'spräch verbreit' hat! Die g'scheidte Frau Schlimmierl, die immer weiß, was sie red't, hat ausg'sprengt: Ihre heimliche

Trauung, Frau Gräfin, wär' gar ka Trauung, sondern nur Schwindel und Comödie g'wesen und Sie wären net nur ka hamliche, sondern überhaupt gar ka Gräfin, weil Sie gar net verheirat' sein und dergleichen. Ich sag' Ihnen, die G'schicht' macht a förmliches Aufsehen!

Fr. Binder (empört). O, Du Erztratschen! Wart' nur!

Ernestine (verhüllt ihr Gesicht). Auch das noch!

Lindner. Seins außer Sorgen, Frau Gräfin. Ich hab's dem Herrn Grafen erzählt, er wird Sie über diesen Punkt bald beruhigen!

Johann. Die Tratschen werden niederbögelt, daß Ihnen die Rippen krachen.

Lisi. Der Schimmerl thu' ich extra 'was an!

Maria. Herr Lindner, ich danke Ihnen herzlich, daß Sie sich um die Sache meiner Schwester so warm angenommen haben.

Lindner. O, ich bitt, Fräul'n Clara — will ich sagen, Schwester Maria, 's is Alles gern' g'scheh'n. Ich hab' mich auch zu bedanken (innig) für die Freud', die Sie gestern meiner Reserl g'macht haben.

Maria (lächelnd). Ich habe mein Wort eingelöst und mir Ihr Töchterl einmal angesehen.

Lindner. Das Kind hat die ganze Nacht von Ihnen geträumt (aufseufzend), ich aber, ich hätt' mir's nie träumen lassen, daß Sie —

Maria (ihre Hand in die seine legend). Sprechen wir nicht weiter, Herr Lindner, es ist gut so, wie es ist! Fahren Sie nur in der Erziehung des Kindes so fort, wie bisher und Sie werden an Ihrer Tochter Freude erleben.

Sechste Scene.
Vorige. Alfred.

Alfred (stürzt in großer Aufregung herein und sinkt Ernestine zu Füßen). Ernestine, meine arme, unglückliche Ernestine! Vergib Deinem verzweifelnden Gatten den Schmerz, den sein Leichtsinn über Dich gebracht.

Ernestine (schmerzvoll). Alfred, o hättest Du mir vertraut, es wäre nicht so weit mit uns gekommen. Ich hätte gern' auf allen Glanz der Welt verzichtet, hätte Noth und Sorge mit Dir getheilt — so bitter wäre kein Leid gewesen, wie der Schmerz jener Stunde, wo ich mich von Dir betrogen und verlassen wähnte und in namenlosem Weh' zur Verzweiflung meine Zuflucht nahm!

Alfred. O vergib, vergib, ich habe den unseligen Schritt bitter bereut! Vor dem Gesetze steh' ich schuldlos da, und auch darüber, daß man es wagt, die Rechtmäßigkeit unserer Ehe anzuzweifeln, werde ich mich rechtfertigen. Hier unser Trauungs-Schein, den ich eben von dem Priester holte, der damals unsern Bund gesegnet hat.

Ernestine. O mein Gott, ich danke Dir, ich habe meine Ehre wieder!

Alfred. Wohl bin ich nun arm und kann Dir nichts mehr bieten als mein Herz, aber dieses so voll der innigsten und zärtlichsten Liebe und von dem heißesten Wunsche beseelt, Dich diese bösen Stunden vergessen zu machen. Ich will für Dich arbeiten und darben, unermüdet, unverdrossen und nicht mehr von Dir lassen, wenn Du mich nur einmal noch liebend in Deine Arme schließen willst. Kannst Du — willst Du mir vergeben?

Maria (nimmt Ernestinens Hand und wendet sich gegen Alfred). Sehen Sie die Thränen in diesen Augen? Die Perle spricht: Versöhnung — Liebe — Vergebung!

Ernestine (sinkt stumm an seine Brust).

Alfred (innig). Es sollen die letzten Thränen sein, die Du meinethalben geweint hast! Du verzeihst also?

Ernestine. Du wirst mich nie mehr täuschen?!

Alfred. Ich schwöre es Dir, Ernestine: Aufrichtigkeit und Treue bis in den Tod!

Fr. Binder. Gottlob, daß Alles so glücklich abg'laufen ist!

Johann. Jawohl! Auch mein Onkel Schwarzböck hat sich mit mir ausg'söhnt und richt' mir a G'schäft'l ein.

Lisi (rasch). Jessas, a G'schäft?! Da brauchen Sie ja a Frau, die Ihnen die Wirthschaft führt! Sie, was glaubens, Johann — Sie kennen mich — Kopf und Herz am rechten Fleck —

Johann (lacht). Und 's Göscherl g'rad' in der Mitt'n! Na, wir wollen seh'n — „Z'erst prüfe, wer sich ewig bindet —"

Lisi. Und wenn sich 's Herz zum Herzen findet? —

Johann. Dann fangen wir zusammen ein Pantscherl und einen neuen Lebensparagraph an! (Wendet sich zu Lindner.) Sie, Herr von Lindner, sollten auch dazuschauen — Sie sein schon lang' g'nua Wittiber g'wesen.

Lindner (wehmüthig lächelnd, mit einem Seitenblick auf Maria, innig). Ich hab' einer Jugendgeliebten ewige Treu' g'schworen — sie kann mich wohl nicht heiraten, aber ich halt' ihr mein' Schwur und ich und mein Resel werden ewig an sie denken!

Maria (gerührt, für sich). Wackeres, edles Herz!

Siebente Scene.

Vorige. Die **Oberin** des Klosters, von drei Nonnen begleitet, kommt durch den Säulengang.

Oberin (ernst und bewegt). Schwester Maria!

Maria (ihr demüthig entgegen). Ehrwürdige Mutter!

Oberin. Nimm Abschied von Deinen Freunden und Verwandten! Wenn Deine Schwester noch der Pflege uns'res Klosters bedarf, wird ihr dieselbe in reichstem Maße zutheil werden, Du aber wirst noch in dieser Stunde Wien verlassen.

Ernestine und **Fr. Binder.** O mein Gott!

Maria (neigt vor der Oberin das Haupt).

Oberin. Soeben erhielt ich die tiefbetrübende Nachricht, daß in Dalmatien eine Epidemie ausgebrochen ist. Die Säle der dortigen Frauenklöster sind mit Kranken und Sterbenden überfüllt — der Tod fordert zahllose Opfer, darunter auch mehrere Schwestern unseres Ordens. Um in der Krankenpflege keine Störung eintreten zu lassen, muß die Lücke sofort wieder ausgefüllt werden. Ich habe vier der Würdigsten und Bravsten unter Euch zu dieser Aufgabe bestimmt, unter diesen bist auch Du, Schwester Maria! Ihr werdet mit dem nächsten Zuge abreisen, um die Schwestern jenes Klosters in ihrem schweren Amte zu unterstützen.

Maria. Ich bin bereit, ehrwürdige Mutter!

Oberin. Versammelt Euch nochmals zum Gebet in der Klosterkirche, dann tretet Ihr sofort Eure Reise an. (Mit den Nonnen ab.)

Ernestine (mit tiefem Schmerz.) Clara, so soll ich Dich, kaum gefunden, wieder verlieren? Wenn jene Epidemie auch Dich ergreift, wenn auch Du der schrecklichen Krankheit zum Opfer fallen müßtest — (Sinkt weinend an ihr nieder, während Frau Binder still an Marias Halse schluchzt.)

Maria (ruhig, mit edler Ergebung). Dann sterbe ich einen schönen Tod, sterbe in treuer Erfüllung meiner erhabenen, heiligen Pflicht! (Aus der Klosterkirche erschallt wieder eine sanfte, feierliche Orgelmusik, die bis zum Schlusse dauert.) Gehorsam ist meines Ordens erste Regel, und ich scheide ruhig mit leichtem, frohem Herzen, ich lasse Euch ja voll beglückt zurück, im Frieden mit Gott, mit Euch selbst und geläutert durch schwere Prüfungen. Und wenn uns're Wege sich auch wieder scheiden, Ernestine, wir Beide sind nicht mehr die **ungleichen Schwestern**, uns're Seelen, uns're Herzen bleiben ja von **heut'** an in Liebe vereint. Lebt Alle herzlich wohl, und solltet Ihr hören, daß auch Schwester Maria ein Opfer ihrer Pflicht geworden, dann weiht' ihr ein inniges Gebet und eine stille Thräne der Liebe — das ist's, um was ich Euch bei meinem Scheiden bitte. Gott mit Euch Allen, im vollen Vertrauen auf seinen Schutz rufe ich Euch zu: „Auf Wiedersehen!" (Sie wendet sich langsam zum Gehen.)

Gruppe.

Der Vorhang fällt.

Ende.